智慧教学改革系列丛书

智慧课堂教学
创新大赛案例精选

主编 陈 来 康宝勤

图书在版编目(CIP)数据

智慧课堂教学创新大赛案例精选/陈来,康宝勤主编. —合肥:安徽大学出版社,
2019.12

ISBN 978-7-5664-1941-5

Ⅰ.①智… Ⅱ.①陈…②康… Ⅲ.①课堂教学－多媒体教学－教案(教育)
Ⅳ.①G424.21

中国版本图书馆 CIP 数据核字(2019)第 259622 号

智慧课堂教学创新大赛案例精选 陈 来 康宝勤 主编

出版发行:	北京师范大学出版集团 安 徽 大 学 出 版 社 (安徽省合肥市肥西路 3 号 邮编 230039) www.bnupg.com.cn www.ahupress.com.cn
印　　刷:	安徽昶颉包装印务有限责任公司
经　　销:	全国新华书店
开　　本:	170mm×240mm
印　　张:	11.75
字　　数:	150 千字
版　　次:	2019 年 12 月第 1 版
印　　次:	2019 年 12 月第 1 次印刷
定　　价:	52.00 元

ISBN 978-7-5664-1941-5

策划编辑:杨　洁　刘婷婷	装帧设计:李　军　孟献辉
责任编辑:刘婷婷　邱　昱	美术编辑:李　军
责任印制:陈　如　孟献辉	

版权所有　侵权必究

反盗版、侵权举报电话:0551－65106311
外埠邮购电话:0551－65107716
本书如有印装质量问题,请与印制管理部联系调换。
印制管理部电话:0551－65106311

智慧教学改革系列丛书
指导委员会

主　任　缪群道

副主任　陈　来　康宝勤

委　员　（以姓氏笔画为序）

　　　　　丁俊苗　王晓峰　刘仁金　孙兰萍
　　　　　朱其永　江　浩　孙　辉　李庆宏
　　　　　宋常春　李　鸿　张小明　陈国平
　　　　　胡　昂　胡　明　赵翠荣　高天星
　　　　　陶龙泽　黄仿伦　黄海生　韩大国
　　　　　蔡文芬

2017年12月27日,国家信息中心信息社会研究课题组发布了《2017全球、中国信息社会发展报告》(下文简称《报告》)。《报告》显示,2017年全球信息社会指数为0.5748,较2016年提升2.96%,总体上即将从工业社会进入信息社会。云计算、大数据、智能制造、物联网、移动互联、人工智能等新兴技术开始渗透到教育教学领域,与教育教学的融合越来越深入,为教育教学改革和创新注入了新鲜血液。学科教学不再局限于传统课堂,学习方式也由线下被动接受式学习转向线上线下融合的主动探索式学习。现代信息技术与学科教学的整合,颠覆了人类传统的教育教学方式。

2018年4月13日,教育部正式印发了《教育信息化2.0行动计划》,这是教育信息化的再次改革和升级。在数字化和网络化的背景下,教育将更加数字化、网络化、个性化,教与学将以线上和线下的方式进行,学习变得更加智能化。

为深入学习党的十九大精神,贯彻落实全国教育大会、新时代全国高等学校本科教育工作会议精神、《教育信息化"十三五"规划》和《教育信息化2.0行动计划》,响应李和平同志关于加快发展智慧教育的讲话精神,推动云计算、大数据、移动互联网等新一代信息技术与教学的深度融合,促进高校间的交流与合作,全面提升本科教育教学质量,安徽省应用型本科高校联盟举办了联盟高校第二届"超星杯"移动教学大赛暨智慧课堂教学创新大赛。

《智慧课堂教学创新大赛案例精选》按照大赛竞赛学科类别,分人文社会科学、自然科学两个组别,分别选取十个优秀参赛案例,旨在通过课程背景、教学设计、教学过程、教学反馈和专家点评五个环节,深入剖析优秀案例,以提升教师信息化教学能力为目的,强化智慧课堂教学模式在实际教学中的应用,促使联盟高校教师使用信息化教学工具开展智慧课堂教学;引导广大教师积极运用移动信息化教学工具、智慧教学手段激活课堂,应用现代信息化技术实施学情诊断分析和资源智能推送,记录课堂教学过程,开展多元化、智能化评价,不断更新教学理念,创新教学模式,提升教学效果;探索联盟高校智慧课堂的评价标准,完善智慧课堂的激励机制,营造智慧教学的浓厚氛围,推动智慧教学资源的建设与共享;选出一批优秀的基于信息化工具的智慧课堂教学案例,供更多的院校和一线教师借鉴与参考,助力安徽省信息化教育教学改革和实践。

本书中标有★的案例由授课老师特别提供了具体的教学课论和教学方法,以飨读者。

本书在编写过程中得到了教育部和安徽省教育厅领导和专家的大力支持与指导,在此表示致谢。同时,对本书的全体编委表示衷心的感谢。在本书的编写过程中,全体编委共同努力,完善本书各方面的内容,以符合教学规律和实际需求。书稿中精选案例使用的智慧教学工具等技术工具,如学习通APP由超星公司提供,在此一并表示感谢。但因时间仓促、水平有限等,本书尚存在不足之处,恳请各位读者和同行批评指正。

编者

2019.6

人文社会科学篇

★ **案例 1　同声传译：口译的表达 / 003**

　　（一）课程背景 …………………………………………… 003
　　（二）教学设计 …………………………………………… 005
　　（三）教学过程 …………………………………………… 006
　　（四）教学反馈 …………………………………………… 013
　　（五）专家点评 …………………………………………… 020

★ **案例 2　Will you be a worker or a laborer?/ 021**

　　（一）课程背景 …………………………………………… 021
　　（二）教学设计 …………………………………………… 023
　　（三）教学过程 …………………………………………… 023
　　（四）教学反馈 …………………………………………… 030
　　（五）专家点评 …………………………………………… 034

★ **案例 3　激励动机理论与目标设定理论 / 036**

　　（一）课程背景 …………………………………………… 036
　　（二）教学设计 …………………………………………… 037
　　（三）教学过程 …………………………………………… 039
　　（四）教学反馈 …………………………………………… 042
　　（五）专家点评 …………………………………………… 047

案例 4　旅游市场 / 048

- （一）课程背景 …………………………………………… 048
- （二）教学设计 …………………………………………… 050
- （三）教学过程 …………………………………………… 051
- （四）教学反馈 …………………………………………… 059
- （五）专家点评 …………………………………………… 062

自然科学篇

案例 5　类和对象 / 065

- （一）课程背景 …………………………………………… 065
- （二）教学设计 …………………………………………… 066
- （三）教学过程 …………………………………………… 067
- （四）教学反馈 …………………………………………… 072
- （五）专家点评 …………………………………………… 077

案例 6　相似矩阵与矩阵可对角化的条件 / 079

- （一）课程背景 …………………………………………… 079
- （二）教学设计 …………………………………………… 080
- （三）教学过程 …………………………………………… 082
- （四）教学反馈 …………………………………………… 093
- （五）专家点评 …………………………………………… 095

★ 案例 7　降压斩波电路 / 096

- （一）课程背景 …………………………………………… 096
- （二）教学设计 …………………………………………… 097
- （三）教学过程 …………………………………………… 099

（四）教学反馈 …………………………………………… 111
（五）专家点评 …………………………………………… 114

★ 案例 8　指针与数组 / 116

（一）课程背景 …………………………………………… 116
（二）教学设计 …………………………………………… 117
（三）教学过程 …………………………………………… 121
（四）教学反馈 …………………………………………… 131
（五）专家点评 …………………………………………… 134

案例 9　循环结构设计 / 135

（一）课程背景 …………………………………………… 135
（二）教学设计 …………………………………………… 137
（三）教学过程 …………………………………………… 141
（四）教学反馈 …………………………………………… 148
（五）专家点评 …………………………………………… 149

案例 10　计数、译码与显示电路 / 150

（一）课程背景 …………………………………………… 150
（二）教学设计 …………………………………………… 152
（三）教学过程 …………………………………………… 155
（四）教学反馈 …………………………………………… 164
（五）专家点评 …………………………………………… 169

附录 1　背景介绍提纲 / 171
附录 2　课后反思提纲 / 173
附录 3　学生访谈提纲 / 175

人文社会科学篇

人文社会科学篇

★ 案例 1
同声传译：口译的表达

钱莉娜、茆莹莹

▶ **授课教师：钱莉娜，茆莹莹**
▶ **所在单位：合肥师范学院**

钱莉娜，女，安徽合肥人，合肥师范学院教师、副教授、硕士生导师，主要从事同声传译、英语视听说、信息化教学相关课程的教学和教研工作，在核心刊物上发表论文数篇，曾获校级师德先进个人荣誉称号、教师基本功大赛一等奖，全国微课大赛一等奖，安徽省智慧课堂教学创新大赛冠军。

（一）课程背景

1. 课程名称

同声传译。

2. 参考教材

《口译基础教程》，邓礼红，北京：对外经贸大学出版社，2016 年；《同声传译基础》，仲伟合，北京：外语教学与研究出版社，2010 年。

3. 课程定位

面向英语专业或非英语专业（英语能力达到 CET4 及以上的学生）；安徽省质量工程 MOOC 资源建设；校内 SPOC 及翻转课堂应用。

4. 教学目标及要求

知识目标： 了解同声传译的特点和标准，掌握口译技能的训练方法。

技能目标： 培养口译技能尤其是同声传译技能，提高学生的语言文化运用能力。

素质目标： 提升职业素养、英语口语表达能力及人际沟通能力。

5. 教学方法和策略

以建构主义及布鲁姆教育目标分类法理念为指导，采用任务教学法、翻转课堂教学法、项目合作法等多种教学方法，结合智慧课堂、录播视频、微课、直播课等多种现代化教学手段激发学生的学习兴趣，提升教学效果。

6. 教学内容及重难点分析

（1）课程内容

线上课堂： 20节慕课视频及配套文档、视频、测试等资源，包括口译基础、同传进阶、文化拓展三大模块。

线下课堂： 32课时同声传译实验室实训课。

（2）知识点及重难点分析

重点： 围绕非语言因素对译者处理信息所产生的影响进行讲授，以促进学生理解口译的表达。

难点： 如何使学生在正确理解非语言因素对译者处理信息所产生影响的基础上，通过大量实际操练，正确运用非语言因素，提升口译水平。

7. 教学评价方式

基于大数据的学情分析、学习轨迹记录及成绩统计的线上多模块过程性评价。

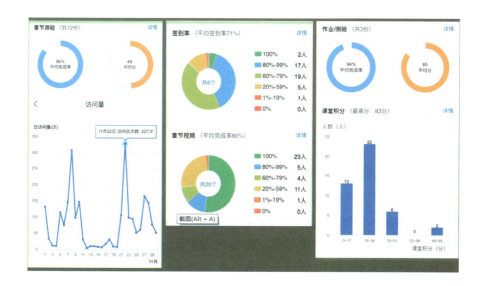

（二）教学设计

课程名称	同声传译	所选章节（知识点）	口译的表达
重难点分析	在口译表达过程中对 confidence/fear 的分析及在口译的表达环节需要注意的几个方面：面部表情、仪态动作、声音控制。	课程参考教材	邓礼红：《口译基础教程》 仲伟合：《同声传译基础》
教学方法	任务教学法、翻转课堂教学法、项目合作法。	教学目标	使学生掌握口译表达过程中的理论知识和训练技巧，并提升其口译表达水平。
课程环节设计	1. 课前问候/签到（1分钟） 2. 课前复习检查/知识点回顾（7分钟） 　（1）上节课内容复习检查（4分钟） 　（2）上节课知识点回顾（3分钟） 3. 新课导入（3分钟） 4. 新课讲解（25分钟） 　（1）视频观看及抢答（9分钟） 　（2）要点演示讲解（10分钟） 　（3）分组讨论（6分钟） 5. 布置作业（2分钟）		

（三）教学过程

1. 课前问候/签到（1分钟）

教学目的： 掌握学生出勤情况，学生现场签到；在一节课开始之前增加教学活动的参与感及仪式感。

教学方法： 通过APP发布"签到"活动，选择手势签到，并在教室多媒体大屏幕上投屏显示签到手势。（本节信息化教育技术应用：手势签到）

教学效果： 真实有效地反映学生出勤情况，避免了代签名或代答到现象的产生；签到的种类分为手势签到、位置签到、二维码签到、图片签到四种，可以根据需求选择，从达到不同的教学目的；以学生为中心，重视学生参与教学过程的感受。

2. 课前复习检查/知识点回顾（7分钟）

（1）上节课内容复习检查（4分钟）

采用选人回答问题的方式进行复习检查。问题包括：①对于fear的调查，根据Book of listing，其中最令人恐惧的是什么？②"Fear of the audience"指的是什么？③克服公众演讲中的fears需要进行5Ps练习，这5Ps是什么？教师将带有问题的PPT投影在大屏幕上，同时将问题发布在APP的选人活动题板上，通过随机选人回答的方式进行提问，并根据回答者的回答情况给予课堂加分（3~5分），直接在选人界面进行加分操作。这样全体同学都能够看到问题和答案，并能够看到不同的回答对应的课堂加分情况，以增强学生回答问题的趣味性和积极性。选人回答问题环节结束之后，教师针对学生回答问题的情况和上节课的难点进行简要复习。（本节信息化教育技术应用：选人）

（2）上节课知识点回顾（3分钟）

选取上节课知识点中比较难的部分进行回顾，这一环节是对本节课新内容的过渡和呼应。用投屏功能将课件直接投在大屏幕上，清楚地呈现出本节课内容的归类讲解，回顾克服公众演讲中的 fears 所涉及的 5Ps，即 Prana、Perception、Psyche yourself up、Preparation、Practice 的概念和应用。

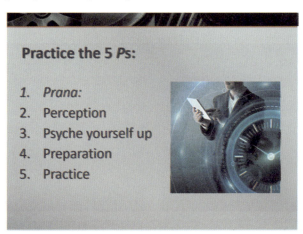

3. 新课导入（3分钟）

教师对 Public Speaking 进行 Brainstorming，并采用 APP 主题讨论的方式将其显示在大屏幕上。教师由上节课的复习内容引出 confidence 这个单词，发布主题讨论，让学生进行头脑风暴并留言写出与 confidence 相关联的内容关键词。学生们直接在主题讨论页面输入关键词，同时在大屏幕上显示关键词。通过这一活动对学生进行思维训练，加深学生对于本节课学习的关键词 confidence 的理解，通过头脑风暴和主题讨论的方式引导学生主动思考、积极参与。（本节信息化教育技术应用：主题讨论）

主题讨论投屏的词云呈现在大屏幕上，集中提取关键词，并且采用不同的颜色呈现关键词，以更强的视觉效果给予学生们信息反馈。词云内容由学生自己提交的内容组合而成，呈现更多的自主性，进一步体现了以学生为中心的教学理念。

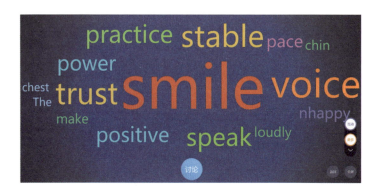

主题讨论投屏的列表呈现，能够让教师更加直接地了解到学生们的具体想法，掌握学情，从而进一步加强师生互动和生生互动。

4. 新课讲解（25分钟）

（1）视频观看及抢答（9分钟）

看一段口译视频（欧亚口译联盟教学视频Public Speaking节选），结合上一环节主题讨论中关于confidence的要点，找出视频中反映口译员不自信的细节。在APP上发布抢答活动，学生们通过APP进行抢答。抢答成功的前三名学生分别给出自己的见解和分析，教师根据回答情况给予反馈和评分，并直接通过APP给回答问题的学生给予课堂加分（3~5分）。（本节信息化教育技术应用：抢答）

抢答能够刺激学生发挥主观能动性，抢答的过程直接投影在大屏幕上也增加了提问的趣味性。获得抢答权的学生在回答问题之后教师直接给予评语和加分，分数也能更加直观地激励学生认真听课和积极参与课堂活动。这既方便学生们追述学习轨迹，又方便教师们强化过程性考核。

（2）要点演示讲解（10分钟）

演示口译表达过程有三要素——面部表情、声音控制、仪态动作，并可将其分解为眼神、笑容、站姿、坐姿、手势、服饰、妆容等细节进行讲解，过程中穿插示例让学生进行练习。

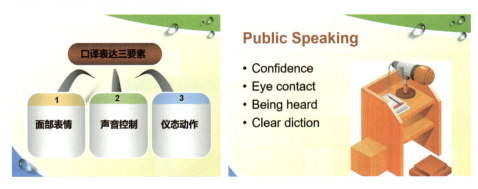

（3）分组讨论（6分钟）

针对口译的表达要点进行实际操练，将学生分组并布置即兴演讲题。学生根据APP随机分组的名单找到自己所在的小组，并按照小组对应的话题进行口头讨论，练习口语表达，每个小组将讨论的关键词或演讲提纲发布在本组页面上。教师将各组讨论结果投影在大屏幕上，大家可以看到每个小组的讨论情况和成果，在讨论时间结束前可以进行修改或增加讨论内容。最后教师根据课堂时间对小组讨论进行收尾，并根据投影在大屏幕上的关键词简单总结本次小组讨论。（本节信息化教育技术应用：分组任务）

Group discussion

1. Describe your favorite season of the year.

2. Describe a famous athlete you know.

3. Describe a piece of technology you like to use.

4. Describe a rule at your school that you agree or disagree

APP 的分组任务功能发放活动，随机分组的设定给学生创造了一种新鲜的感觉，使活动从一开始就充满乐趣。找到组员之后进行分组讨论，提交讨论结果时，学生自己的手机页面和教室前的大屏幕都可以实时更新动态，学生彼此之间有一种竞争感和成就感，从而促使学生更加积极主动地参与课堂活动。这种形式的小组活动要求人人参与，锻炼了学生的领导能力和团队合作能力。在这个环节中，学生的参与度很高，每个学生都能够在小组任务中发挥作用。

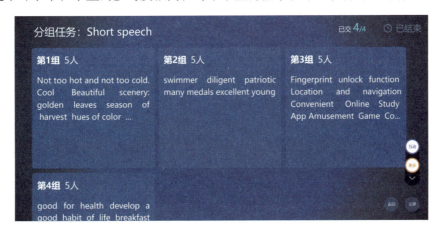

5. 布置作业（2分钟）

（1）发放"口译职业化六项指标量化评估体系"文档到 APP 课程资料中，并布置学生课后查阅的作业。（本节信息化教育技术应用：资料）

（2）要求每个小组的 speaker 根据本节课小组讨论的内容准备一段 3 分钟英语演讲视频，提示学生们注意运用本节所学的演讲各要素和演讲技巧，根据"口译职业化六项指标量化评估体系"对演讲视频留言评述，为下节课当堂演讲和投票选出 Best Speaker 做好准备。（本节信息化教育技术应用：章节讨论留言）

理论来源于实践，实践又反馈理论。2005 年，加拿大学者西门思（George Siemens）发表了"Connectivism"（联通主义）系列研究成果，其中 Connectivism 体系被定位为"数字时代的学习理论"，并被称为"里程碑式"的教育理论。西门思指出：学习不再是单独的个人活动，而是连接专门节点和信息源的过程。智慧课堂是以学生为主体的课堂，教师成为引导者，通过课程设计和交互活动，让课堂实现真正的智能互动，实现师生和生生之间主动联接。在智慧教学的线下教学环节，教师通过学习平台为学生提供有意义的信息源，进行课下在线交互学习，促使课堂知识内化。学习平台从学习者的角度出发，提供自主、个性化的学习空间。

在人工智能时代，信息不是匮乏的，教师不是信息的中心，而是信息的传递者和促进者。教师需要教给学生的不仅是内容，还有方法。教师通过创造积极主动的学习环境，让学生们主动参与他们自己的学习，构建他们的知识体系。建构主义认为，知识的意义是由学习者自己建构起来的，学生是知识和意义的主动建构者，而不是外部刺激的被动接受者和被灌输的对象，这也就决定了学生是教学活动的中心和主体。建构主义教学观认为：教学是师生之间的合作性建构，老师是学生建构知识的引导者，需要在对话中开展教学活动，创设情景进行教学。建构主义使用的教学设计原则：强调以学生为中心，强调"情境"对意义建构的重要作用,强调"协作学习"对意义建构的关键作用,强调对学习环境的设计,强调利用各种信息资源来支持"学",强调学习过程的最终目的是完成意义建构。

在智慧教学的课堂中,教师构建在线交互任务,并以投屏的方式呈现交互任务,每个任务结合需要学生习得的学习目标,对学生进行引导。例如在新课讲解中设置主题讨论,设置环境和对话,引导学生主动参与,进行思维拓展,从而促进学生自主完成意义的构建。而课堂上和课后的线上分组讨论,也是利用了协作学习的作用。教师根据学生的情况和具体学习内容的特点,提前设计学习环境,并利用线上资源进行协助、引导和支持学生完成学习过程的主动构建。在整个智慧教学的设计中,无论课堂上还是课前和课后,始终不变的是以学生为中心,教师通过各种方法引导和设计情景,促使学生完成学习体系的构建。

(四)教学反馈

1. 学生学习反馈

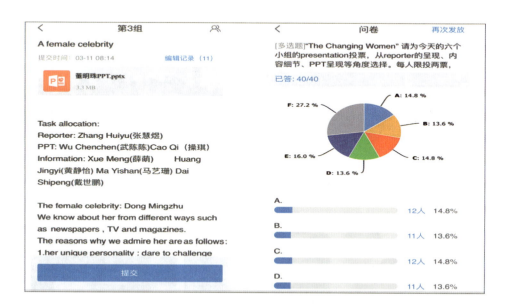

★ 案例 1

同声传译：口译的表达

高露林　关注
合肥师范学院 第4楼　05-01 12:14

第一次开展这样的课堂活动，我感觉很新奇有趣，也让我很好地投入其中，我负责抢占位置和搬运语句，但是我还是漏了一些点，即使我背了好几遍，告诉记录者的时间也短，但是总体来说我觉得我们组做得不错，还得到了大家的肯定，很开心，希望下次还有这样的活动

钱莉娜：是不是充分感受到了短期记忆的重要性😊　05-05 08:55

高露林回复钱莉娜：是的呢，突然感觉自己的脑子不够用，看样子要多做这方面的训练🤭🤭🤭　05-05 21:32

刘晓蒙：加油　05-28 08:36

牛阿宁　关注
合肥师范学院 第37楼　05-17 13:09

这次"听传译"活动虽然很有趣，但是也让我感到了压力。我是第一个负责"搬运"的组员，需要记住文本前两句，在记忆背诵准备好时，一跑到记录员旁边，瞬间所有的单词就都忘了，影响了我们小组的进度。
我觉得这对我是个打击，也是个提醒，我应该好好克服紧张的情绪，并避免它带来的麻烦。
emmmm，如果可以的话，老师，咱们能再来一次这样有趣的活动吗？😁

钱莉娜：是的，这个也可以锻炼心理素质。多方位锻炼。以后还有其他类型的活

015

2. 教师教学心得

这次智慧课堂教学创新大赛真可谓马拉松式的持久赛：从10月初赛，400多位老师网上建课，到12月选出前50名，接着录制现场上课完整视频，复赛选出前10名，再到现场决赛。正式比赛之前走场排练2天，参赛选手、主持人、学生、录像灯光师都在一遍遍地做准备。在滁州学院的大礼堂里观看彩排时，我产生了一种在春节联欢晚会现场观看晚会的感觉，比赛的氛围热烈而浓厚。

尽管整个比赛持续了将近 3 个月，决赛加彩排也耗时 3 天，但在总决赛的舞台上展示智慧课堂的时间只有 15 分钟，冠军赛也只再增加了 5 分钟的说课时间。这真正验证了一句话：台上一分钟，台下十年功。为了准备这次总决赛的 15 分钟现场授课，我提前了好几天进入状态，专心备赛，然而我的内心是忐忑不安的。也许你会说，都是教龄将近 20 年的老教师了，上个 15 分钟的课还不是很容易的事。是的，上课的确没那么难，但要想上一堂自己心目中的好课，却没那么容易。

15 分钟，短短的时间里要呈现课堂必要环节，把知识点说透，同时运用智慧课堂创新技术，课堂还要有特色，这的确是个挑战。在设计课堂必要环节时，我不断地创新、不断地自我否定，再设计、再修改。虽然在 APP 线上班级建好了课件和关联活动，但好几次都因为自己不满意其中一张 PPT 的表述或者 PPT 的前后顺序，又全部删除重做。

这次比赛，我要感谢的人很多：感谢学校和学院领导对我参赛所给予的人力、物力支持；感谢承办方和平台的工作人员精心而辛苦的安排；感谢团队成员茆莹莹老师在前期课程建设时付出的心血；感谢同学们在建课和录课过程中的配合；感谢父母帮我带女儿，解除我的后顾之忧；感谢女儿懂事，独自备战期末考试；感谢我先生对我参加比赛给予建议和支持；也感谢朋友们和同事们给我送来的关心和祝福。这场比赛让我收获很多，锻炼了自己，加快脚步冲在教育创新和改革最前线，也让我认识了一帮实力不凡而各有风格的老师。

比赛虽然结束了，但创新教学的征程并没有结束。自从 2014 年读了萨尔曼·可汗的《翻转课堂的可汗学院》，我的信息化教学创新梦想被点燃后，我的步伐就从未停止过。从自己录制微课开展翻转课堂的实践，到录制慕课视频开展 MOOC 和 SPOC 教学，再到建立智慧课堂打造混合式教学模式，一路走来虽遇到很多困难，但也收获颇丰。这次比赛让我对信息化时代的创新教学体会更加深刻。

2019年，我会继续在自己的学校开展SPOC教学，充分结合线上线下的资源，努力把自己教授的两门课打造成线上线下混合式金牌课程。继续开展MOOC教学并进一步提升教学水平，通过多种渠道和形式提升课程的影响力。同时，在全国各地举办智慧教学讲座，学习和交流信息化教学理念。

创新是教育的动力，我将继续前进，继续探索。

★ 案例1
同声传译：口译的表达

（五）专家点评

在本次智慧教学案例中，钱老师熟练运用智慧教学平台和多种智慧教学手段开展课堂教学，充分展现了智慧教学模式的内涵和特征。教师充分利用技术手段对课堂教学目标和内容做了精心设计，教学过程非常流畅，内容回顾、新课讲解、内容总结等部分衔接十分自然，在教学设计中充分展现了课堂教学与信息化技术的深度融合。在教学过程中，教师通过使用问题抢答、头脑风暴、体验式教学、案例教学和分组讨论等多种方法，使得课堂教学氛围积极活泼；同时合理运用智慧教学工具的签到、选人抢答、主题讨论、分组讨论、资料推送和课后讨论等功能，与教学场景有效结合，较好地实现了师生互动、生生互动。另外，钱老师实时采集学生学习行为和教学过程数据，及时了解学生的学习状态和反馈，充分体现了以学生为中心的教学理念，有效地增强了学生在教学过程中的参与性和主动性，对提升学生的学习效果和教师的教学质量起到了积极的推动作用。

★ 案例 2

Will you be a worker or a laborer?

吴沛瑾、朱玲玲

▶ **授课教师：吴沛瑾，朱玲玲**
▶ **所在单位：蚌埠学院**

吴沛瑾，女，安徽蚌埠人，蚌埠学院教师，主要从事大学英语课程教学工作，发表论文数篇，曾多次在省级、校级授课比赛中获奖。

（一）课程背景

1. 课程名称

大学英语。

2. 参考教材

《新视野大学英语（第三版）》第三册，郑树棠，北京：外语教学与研究出版社，2015年。

3. 教学目标及要求

知识目标：理解劳动者和劳役者内涵的区别及 laborer 向 worker 转变的途径。

技能目标：掌握单词连读技巧，并将其运用在口语表达中；体会不同的翻译技巧，并将其应用于实践。

素质目标：以学生自学英语技能为例，总结英语学习心得并进行课堂展示，以此增强学生的主观能动性，培养学生自主学习英语的能力。

4. 教学方法和策略

以自主创新学习理念为指导，采用翻转课堂教学法、项目驱动教学法、讨论式教学法、评价式教学法等多种教学方法，结合多媒体、动画、智慧课堂等多种现代化教学手段激发学生的学习兴趣，提升教学效果。

5. 教学内容及重难点分析

（1）课程内容分析

大学英语课程是高校重要的公共基础课程之一。通过对本单元内容的学习，学生可以在理解劳动者和劳役者的概念及两者的区别的基础上对自身学习、工作状态进行反思，并积极寻找从被动学习者向主动学习者转变的有效途径，同时培养创新思维能力。

（2）教学重难点分析

① 教学重点及其处理方法

重点："劳动者"和"劳役者"的概念及其区别。

处理：教师通过吐槽大学生活引入主题讨论，启发学生反思自身在学习方面存在的问题，理解在工作和学习过程中发挥主动性的重要性；并借助于APP互动的教学手段，最大限度地激发学生的学习兴趣，让学生把"劳动者"和"劳役者"与自身实际情况联系起来，加以理解和区分。

② 教学难点及其处理方法

难点："劳役者"向"劳动者"转变的途径。

处理：在授课过程中，结合翻转课堂，让学生展示课前准备好的内容，将其学习英语的兴趣激发出来。这直观地体现了转变过程，能让学生深刻地理解创新学习、挖掘个人学习兴趣是成为主动学习者即"劳动者"的唯一途径。

★案例 2
Will you be a worker or a laborer?

（二）教学设计

<table>
<tr><th colspan="2">教学环节</th><th>教学内容及设计</th><th>设计目的</th><th>时长</th></tr>
<tr><td rowspan="6">课程环节设计</td><td>1.APP 签到</td><td>通过发布手势签到。</td><td>了解学生的出勤情况。</td><td>2 分钟</td></tr>
<tr><td>2. 课程导入</td><td>用"吐槽大学生活"启发学生思考学习态度，并通过 APP 话题讨论的方式让学生输入关键词，进一步通过词云直观展示学生的观点——大多数同学都处于被动消极的学习状态。</td><td>生动的话题引发学生对自身学习状态进行反思，导入本节课要讲授的核心概念。</td><td>5 分钟</td></tr>
<tr><td>3. 项目展示</td><td>贯彻翻转课堂教学理念，由学生展示课前准备的英语学习心得体会，并采用评价式教学法对内容进行打分评价。</td><td>通过展示学生课程设计项目和学生对项目完成情况的评价，让大家感受激情的学习者的魅力。</td><td>20 分钟</td></tr>
<tr><td>4. 课文内容检测及结构分析</td><td>检查学生的预习任务完成情况，并总结课文的大意。引导学生把文章分成三段，从而把握议论文的结构。</td><td>检查学生课前预习的情况，把课前、课中环节有效串联起来。</td><td>10 分钟</td></tr>
<tr><td>5. 批判性思考</td><td>教师基于课程内容，对从"劳役者"向"劳动者"转变的途径作出总结。</td><td>引导学生成为积极的学习者、劳动者。</td><td>5 分钟</td></tr>
<tr><td>6. 作业布置</td><td>①熟读单词、课文并将朗读音频上传至 APP。
②完成 Unit 5 Period 2 语言知识点的课前预习。</td><td>通过 APP 布置下节课内容的预习任务，把课中、课后环节有效串联起来，使学生的学习更具系统性。</td><td>3 分钟</td></tr>
</table>

（三）教学过程

1. APP 签到（2 分钟）

教学目的： 掌握学生的出勤情况，现场签到。

教学方法： 通过 APP 发布"签到"活动，选择手势签到。

2. 课程导入（5分钟）

教学方法：引导学生反思其目前大学学习生活的不良状态，并对其进行吐槽，教师在APP上发布"话题讨论"：Rant about your college study and post your opinions.

这一环节主要采用讨论式教学法进行课堂导入：创设情境——激活思维，发现问题。结合教学内容的特点和具体教学目标，从学生已有的生活经验出发，联系学生的实际生活，精心创设恰当的讨论话题情境。激发学生学习兴趣，激活学生创新思维，进而引导学生充分结合自身学习现状，积极思考，并对讨论的信息进行数字化处理，而后指导学生提出有价值的、与教学目标相关的问题。

★ 案例 2
Will you be a worker or a laborer?

话题讨论结束之后，每组将讨论结果通过 APP "话题讨论"控件提交，再经"投屏"模式，利用 APP 的"云词汇"展示学生吐槽大学学习生活的主要词汇。讨论结果显示，大多数学生的学习态度是消极的，学习没有目标，没有创新意识。教师在此讨论结果的基础上提出"被动学习者"的概念，这与本单元课文中所提到的"劳役者"概念一致。

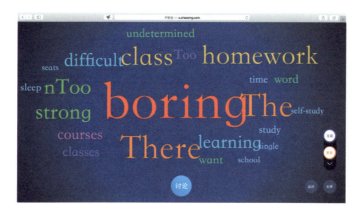

手机端显示如下：

教学效果：话题讨论中提出的问题激起了学生的兴趣，投屏的词云功能直观展示讨论结果，学生对自身学习态度的被动消极印象深刻。

3. 项目展示（20分钟）

这一环节主要采用项目驱动教学法，在教学过程中，以完成一个个具体的项目为线索，把教学内容巧妙地隐藏在项目之中，让学生自己提出问题，经过思考和老师的点拨，自己解决问题。在完成项目的同时，培养了学生的创新意识、创新能力以及自主学习的习惯，让学生学会如何去发现问题、思考问题、寻找解决问题的方法。

教学目的：引导学生发现，在拥有积极的态度、明确的目标和创新意识之后，学习不再是一种乏味的被动接受的过程。在此基础上激励学生成为积极的学习者，参加工作之后成为主动的劳动者，这样生活才会更有意义，自己才能真正地享受生活。

（1）翻转课堂

以小组为单位，课前讨论并精心设计、准备PPT，课堂展示英语学习心得。由前两名抢答同学代表本组进行演示，并由"抢答"决定哪些同学展示他们各自的课程设计。通过小组课前的精心准备，抢答同学以PPT和生生互动的形式向大家呈现如何学习英语，以及如何找到学习的兴趣点。在整个过程中，教师通过APP"直播"功能拍摄学生的展示过程，以备课后学生回看学习。

★ 案例 2

Will you be a worker or a laborer?

　　这一环节主要采用的是以翻转课堂理念为基础的教学模式，教师把课堂的主动权交给学生。学生在课前利用所学的知识，根据课程任务准备好相应的内容，进行课堂展示。课堂成为学生和教师互动的场所而非单纯的教师授课场所。这一方式更能激发学生的学习积极性，学生借助于丰富的网络资源，将所学的知识运用到项目学习及展示中，更加专注于主动式学习，以获得更深层次的学习效果。

（2）学生评价

　　在课程设计展示结束后，通过使用APP的"评分"控件，其他同学对该生的表现进行评价，展示该生学习以及分享的效果。

　　这一环采用的是评价式教学法。根据项目展示中学生的表现，其余同学给出相应评判。这不仅可以形成良好的课堂互动，也可以充分发挥学生的主观能动性，使其深度理解课程内容。

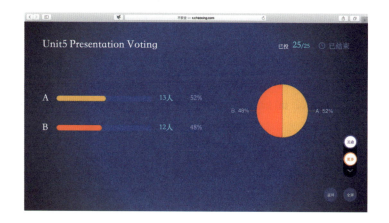

教学效果： 学生自行讲解课堂内容，总结知识点，并对课程内容进行评价，从真正意义上成为课堂的主体，极大地提升了学生的学习积极性和课堂效果。

4. 课文内容检查及结构分析（10 分钟）

①教师课前在 APP 上发布预习任务和问答题，要求学生完成。

课上，老师借助于 APP 的后台数据统计功能，检查学生课前任务的完成情况。

★ 案例 2
Will you be a worker or a laborer?

教师从问答题中选出两题，通过 APP "选人" 控件选出两名学生作答，由此导出概论和总结文章大意。

②教师借助于议论文的"三段论"引出文章可以分成三个部分的观点，通过 APP "选人" 控件选出两名学生回答第一部分、第二部分各包括哪些内容。

5. 批判性思考（5 分钟）

在理解文章大意的基础上，教师引导学生找出从"劳役者"转变为"劳动者"的途径，鼓励学生在学习生活中从"消极的学习者"转变为"积极的学习者"，在以后的工作中做一个"劳动者"。

6. 作业布置（3 分钟）

新课导入之后，要求同学课下完成以下任务：

① 熟读单词、课文并将朗读音频上传至 APP。

② 完成 Unit 5 Period 2 语言知识点的课前预习。

（四）教学反馈

1. 学生学习反馈

学生通过 APP 进行话题讨论，畅所欲言，参与的积极性更高。投屏功能可以帮助老师及时指出学生在表达方面的问题，有利于学生口语表达能力的进一步提升。

学生的学习过程都会在 APP 上以数据的形式保留下来，能够帮助老师有效地监测学生的学习情况，学生也能从中体会到学习的成就感。

★ 案例 2
Will you be a worker or a laborer?

通过 APP 发布作业，形式多样，不再拘泥于简单的翻译或写作，对学生学习情况的监测也更加客观有效。

2. 教师教学心得

信息化时代的表现之一是每个人都离不开手机，手机的应用涉及人们生活的各个领域，教育领域也不例外。然而，目前手机俨然已成为课堂教学的一大阻碍，学生上课使用手机聊天、看视频、打游戏，无心听讲；教师则倍感挫败，课堂效果难以保证。其实，学生课堂学习态度消极的根源并不是手机，而是教师上课的形式和内容已经不能满足信息化的要求。所以，探索未来的教育形态，在信息化时代，与大数据同行，寻求学习与学习机器的完美配合，使教育个性化，组织高效课堂是当今大学教师必须研究的课题。

未来的教育一定会运用信息技术手段，使教学环节数字化，从而提高教学质量和效率，以此培养适合信息社会要求的创新型人才，促进教育现代化。传统的教学方式已经远远满足不了信息化时代的要求了。教师利用信息技术手段如学习通 APP 上传课程相关资料，发布一系列任务，与学生进行多角度、多维度的交流，串联教学的各个环节，调动了学生的学习积极性，有效地提升了教学效果。

自教育信息化理念提出以来，越来越多的教师积极学习信息技术，全身心地投入各种信息技术手段的研究和探索中，如 MOOC、移动教学智慧课堂、翻转课堂以及微课教学。这些形式在一定程度上调动了学生学习的积极性，提升了教学质量。但同时，这些只是单纯从技术层面上实现教学信息化，授课的内容、授课的方式没有大的转变，同一课堂、同一教学目标，并没有从根本上提高教学质量。归根到底，教师教学只运用了信息化工具，却没有"以人为本"。

"以人为本"，必须依靠分层教学。立足学生学情，了解不同学生在知识基础、认知方式、学习方法和智力因素等方面的差异，进而因材施教，让不同阶段的学生完成符合自身认知水平的任务，有梯度地提升教学质量。

在传统的教学模式下，老师主要依靠个人经验对课堂上学生的学习行为进行判断，并据此制定教学策略，很难做到科学客观、公平公正。然而，在这两年的移动教学探索实践中，我发现信息化教学工具如 APP 的使用能帮我解决很多分层难题，优化教学工作。

信息化教学工具如 APP 的深度使用就是利用数字科技信息 + 大数据人工

智能分析以促成信息化教学的深度融合。教师可以借助于 APP 搜集所有有关学生的信息，从中提取有效的内容并纳入教学设计中，进而提高教学质量、学生的理解力和成绩。

学情分析是分层教学的基础，只有清楚地了解学生现有的学习水平，才能有针对性地实施教学策略。在使用了 APP 及网络平台之后，学情了解变得相当简单。教师可以在 APP 电脑端的统计栏中找到学生学习的各项数据，这种可视化的学情报告能更加精准地评价学生的学习情况，使教师能够以此为依据对课程内容进行调整，再结合学生课堂表现分析不同学生的能力差异，总结针对不同学生的教学方法，挖掘学生的潜能。

通过 APP 布置课前任务可以反映不同学生的学习能力和水平，同时也能体现出课程的重难点。根据学生的反馈，教师可以快速有效地做出最合适的课程设计，有的放矢，事半功倍。

智慧课堂移动教学绝不能仅是技术的运用，还应该是贯彻"以人为本"教学理念不可或缺的辅助工具。就像美国教育家布鲁姆的掌握学习理论说的：只要提供适当的材料，进行高质量的教学，同时给每一个学生提供适度的帮助，几乎所有的学生都能完成学习任务或实现学习目标。教师利用信息化教学手段，提供教学资源，设置教学活动，学生自主选择、分层学习，最终各个层次的学生都能在原有基础上能力有所提高，获得良好发展。

但是这种信息技术教学的深度融合也向广大教师提出了更高的要求。首先，在教育观念方面，必须有平等、民主的师生观念，尊重学生的人格尊严及心理特质；其次，要精通信息技术的使用，适应现在现代化教育体系的要求；再次，要利用好移动教学软件，探索新的教学方式，丰富教学形式；最后，还应该利用移动教学平台加强课程体系建设，使教学更加规范。

总之，基于 APP 的课程教学是符合未来信息化教学趋势的。目前我只处在探索阶段，未来我会继续依托 APP 及网络平台，致力于智慧课堂教学模式的研究，为推动现代化教育教学改革做出自己的贡献。

（五）专家点评

当下，"以学生为中心"的教育理念已经成为高等教育共识，但对于如何将该理念有效应用到课堂教学中，很多教师还有诸多疑问。今天吴沛瑾老师为我们呈现了一堂"以学生为中心"的精彩示范课。

"以学生为中心"倡导"在做中学"，鼓励学生自己去体验、去感悟，进而发挥其主观能动性，让学生成为学习的主体。本堂课吴老师主要是通过分析"劳役者"与"劳动者"的差别，带领学生探寻从"劳役者"向"劳动者"转变的有关规律和方法。在教学设计中，吴老师把相关知识点与学生的具体学习很好地联系起来，进而引导学生分组交流主动学习与被动学习的差别，让学生感悟和分享从被动学习到主动学习的心路历程，最后和学生在探讨交流中逐步总结出变被动学习为主动学习的有效方法，引导学生从学习的"劳役者"变成学习的"劳动者"，真正感受到学习的乐趣。从教学效果来看，学生通过"在做中学"，对"劳役者"与"劳动者"的概念理解得更加透彻，对两者转化方法的感受更加直接，对两者转变意愿的态度也更加积极。

"以学生为中心"注重为学生营造自主学习的良好环境，教师要从知识的讲授者转变为学生能力的培养者，让学生真正成为教学活动的主体。本堂课吴老师让学生组成学习小组，课前合作完成对知识点的有关探究，课中互相展示各小组的探究结果，并互相研讨知识点的内涵和应用技巧。教师通过引导学生进行分析、归纳、总结，逐步培养学生形成批判性思维能力和良好的学习习惯，让学生真正懂得从一个"劳役者"变成一个"劳动者"，对自己的人生发展发挥的积极意义，培养学生积极进取的学习态度和生活态度，巧妙地将课程的能力培养目标和素质提升目标融于学生的自主学习过程中。在自主学习的环境营造方面，本堂课是非常成功的。

"以学生为中心"注重学生的个体发展，其关注的重点是教学目标的清晰度和达成度，核心是学生能力的培养。教学过程的设计要以教学目标的达成度为依据，教师要以学生的能力作为衡量教学效果的标准，要关注所有学生的学习水平，要采取有效手段确保学生达成预设的能力目标。本堂课的教学目标很清晰，即培养学生主动学习的习惯。教学设计中，吴老师很好地考虑到学生的认知发展水平，根据学生的认知发展水平逐步推进教学过程，通过及时有效的评价确定下一步的教学策略，让绝大多数学生都能跟上教师的授课节奏。在这些有效教学评价中，智慧课堂提供的各种教学评价工具发挥了很大作用。吴老师运用的方法不但多，而且很熟练，特别是在有效调动学生的学习兴趣方面，不但实现了对学生学习状态和学习效果进行实时监测和数据分析，还在解决问题的同时，不断肯定学生取得的学习进步，让学生感受到了解决问题的快乐，激发了学生的主观能动性。吴老师的课堂始终是活泼、快乐、友好的。

当然，从有效教学设计的角度看，吴老师的课堂还有不少有待提升之处，例如对教学进程的把控、对学生状态的激发、对知识应用的拓展、对智慧课堂的理解、对自身能力的发挥等，都还需要不断提高和优化。但瑕不掩瑜，本堂课的教学设计和教学效果值得肯定。

案例 3
激励动机理论与目标设定理论

周正骏

▶ 授课教师：周正骏
▶ 所在单位：铜陵学院

周正骏，男，安徽铜陵人，铜陵学院教师，讲师，主要从事质量管理工程教学工作，曾获校级青教赛三等奖。

（一）课程背景

1. 课程名称

激励动机理论与目标设定理论。

2. 参考教材

《管理学》，丁家云，谭艳华，合肥：中国科学技术学出版社，2014年。

3. 教学目标及要求

知识目标：熟悉目标理论和目标设定理论；理解三种典型动机与激励。

技能目标：掌握如何运用动机理论；掌握如何设定合适的目标。

素质目标：培养学生在生活中运用激励动机理论激励自身和管理他人，并解决实际问题的能力。

4. 教学方法和策略

采用项目驱动教学法、启发式教学法、案例式教学法、问题探究式教学法等多种教学方法，结合多媒体、智慧课堂等多种现代化教学手段激发学生的学习兴趣，提升教学效果。

5. 教学内容及重难点分析

（1）实验内容分析

管理学是一门经管类专业的基础课程，同时又是一门范围极广的综合性学科，激励理论是管理学课程的重要教学内容之一。通过本课程的学习，学生可以掌握激励产生的原因以及如何运用动机设立目标，激发生活和学习兴趣，培养理论结合实际更丰富、更深刻的能力。

（2）教学重难点分析

① 教学重点及处理方法

重点： 典型的三种动机与激励。

处理： 通过导入问题、各种生活案例和理论结合实际的问题，结合 APP 互动教学手段，最大限度地激发学生的学习兴趣，引导学生主动讨论、思考问题。

② 教学难点及处理方法

难点： 目标设定的运用。

处理： 在课程中，首先提出问题，然后通过理论与实际相结合的方式，采用智慧课堂 APP 的讨论功能，引导学生思考如何设定合理的目标，

（二）教学设计

	教学环节	教学内容及设计	设计目的	时长
课程环节设计	1. 复习课程	通过 APP 发布签到活动及有关上节课所学内容的习题。	检查学生对上节课所学知识的掌握程度。	5分钟
	2. 课程引入	采用问题导入的方式，启发学生思考其在现实生活中的应用，通过 APP 抢答的方式引导其回答问题，进一步引发学生思考激励是由什么引发的。 【互动交流】抢答：激励在生活中的存在形式有哪些？	生动的课程引入激发了学生的求知欲望，引发了学生思考，同时活跃了课堂气氛，体现了理论结合实际的教学理念。	5分钟

续表

教学环节		教学内容及设计	设计目的	时长
课程环节设计	3.动机分析	结合生活实例，引出三种典型动机的内容，把复杂的动机现象简化为日常生活案例。 【互动交流】启发式教学：日常生活中行为的动机因何而产生？	学生对日常生活的各种行为习以为常，但并不明白为何会产生这种行为。通过案例引导学生思考，培养学生发现问题的能力。	7分钟
	4.案例分析	引入企业激励员工的案例，引导学生理解企业在管理员工的过程中遇到的问题。 【互动交流】选人：企业常用的激励手段是物质激励，但这其中可能存在哪些问题？ 【项目驱动】企业激励员工除使用物质激励外，还可以运用精神激励的手段。	引入案例重现企业管理的过程，引导学生进入案例场景，分析企业激励管理的成功经验和失败教训，让学生通过自己的思考拓宽自己的视野，从而丰富自己的知识。	10分钟
	5.激励分析	总结生活事迹，介绍三种典型的激励。 【互动交流】课堂讨论：学习中哪些因素会激励你？	通过总结发生在学生身边的事情，生动形象地解释了典型的激励形式。通过讨论学习中哪些因素能激发自身动力，引导学生思考：学习的动力是什么？激发学生的学习积极性，培养学生的自我认知能力。	5分钟
	6.目标设定理论	理论结合案例，讲解目标设定理论，帮助学生理解目标设定理论的应用。 【互动交流】抢答：如何设定目标？ 【项目驱动】设立合理的目标：标杆。	学生通过学习和案例讲解，跟随教师的引导，分析理解相关概念，并利用这些概念解决之前与所学知识相关的问题。	10分钟
	7.小结和思考	实验小结：总结本次实验，并布置思考题、作业。 思考：如何给自己设立一个合适的目标？ 【互动交流】主题讨论：哪些激励手段可以促使自己实现自己设立的目标。 【互动交流】问卷调查：本次课程的难易程度。	带领学生复习本节课所学内容，让学生知道自己的哪些能力获得了提升。调查学生的学习情况和对本次课程的意见和建议。	3分钟

（三）教学过程

1. 复习课程（5分钟）

（1）签到（0.5分钟）

通过APP发布签到活动，了解学生的出勤情况。

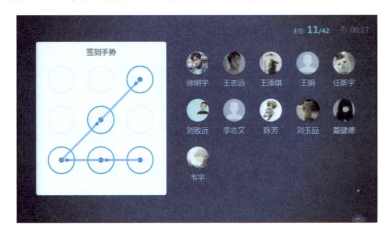

（2）复习测验（4.5分钟）

学生在学习本次课程之前，要在APP上完成上节课的作业，并预习本次课程。在正式上课前，教师先通过APP发布"测验"活动，了解学生对上节课内容的掌握情况和这节课内容的预习情况，从而根据具体预习情况把控教学过程，并通过测验引入课程内容。

题目6：多选题：领导的作用（　　）。

A. 沟通协调作用　B. 指挥引导作用　C. 维持秩序作用　D. 激励鼓励作用

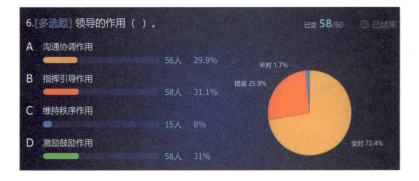

2. 课程引入（5分钟）

通过设置问题引导学生思考生活中激励的各种应用，不仅能激发学生的学习兴趣，还能培养学生的思辨能力。

抢答提问：日常生活中有哪些激励行为？

一般激励常被认为是奖金、工资、股票、期权等物质激励，这是一种误区。除物质激励外，还有一些非物质激励，比如：增加工作的新鲜感；设定较高的目标，且这个目标是员工愿意接受，并为此去挑战的等。

3. 动机分析（7分钟）

通过介绍生动形象的生活案例，引导学生总结典型的动机类型。鼓励学生仔细观察生活中存在的管理学观象，并思考其管理学原理。

选人回答：生活中各种行为的动机因何而产生？

三种典型的动机：

（1）来自自己的动机；

（2）来自他人的动机；

（3）来自物质的动机。

4. 案例分析（10分钟）

通过介绍企业如何激励员工的案例，引导学生思考企业在管理员工的过程中使用一般的激励方案可能会产生的问题，然后分析新案例并提出问题的解决办法。鼓励学生深度思考如何有效地激励他人。

选人回答：企业常用的激励手段是给予物质激励，但其中可能存在的问题有哪些？

利用案例帮助学生理解：要想有效地激励他人，首先需要了解他人的动机。

5. 激励分析（5分钟）

通过对动机的学习和认知，提出日常生活中的激励行为存在哪些问题，让学生思考。在学生思考的时候，举例引导学生进行总结。学生做出总结后，通过APP发布"投票"活动，引导学生思考学习过程中哪些因素会激发自己的学习动力。

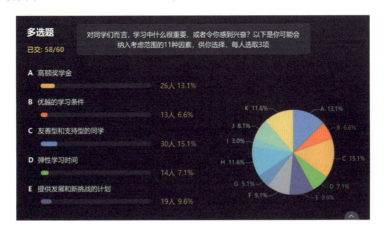

通过开展活动让学生们积极展开讨论，活跃课堂气氛，激发学生的学习兴趣，使学生在讨论中学习知识，认识自我。

6. 目标设定理论（10分钟）

通过分析投票结果，引导学生认识到一切激励活动都需要设立明确的目标，由此导入学习目标设定理论。教师通过理论和案例教学，使学生了解如何设定合理的目标。

7. 小结和思考（3分钟）

总结授课内容，帮助学生梳理重难点知识，加深学生对知识的理解。随后通过 APP 发布作业、课后讨论及授课评价等任务。

（四）教学反馈

1. 学生学习反馈

大多数同学开始利用学习平台进行学习，通过完成测试、观看视频等进行驱动式学习。学生在学习上花费的时间比以前有所增加，学习效果也有提升，如下图所示。

案例 3
激励动机理论与目标设定理论

仅统计学生进度页面和学生学习页面的访问次数

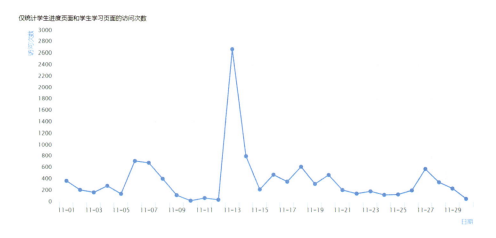

| 课程学习进度　　仅显示非零数据

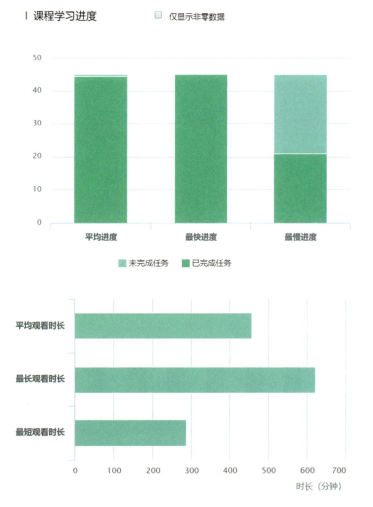

学生讨论统计数 ｜ 教师讨论统计数

学生姓名	总讨论数	发表讨论	回复讨论	详情
沈佳敏	28	7	21	查看
徐月	25	12	13	查看
秦睿	15	4	11	查看
张荣荣	28	10	18	查看
刘雅婷	19	9	10	查看
汪丽丽	4	0	4	查看
张圆圆	29	9	20	查看
杨程	17	3	14	查看
沈艳	42	30	12	查看
许佳丽	7	4	3	查看
王珺	11	3	8	查看
赵玲	22	10	12	查看

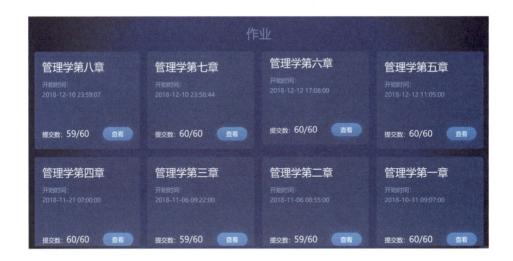

案例 3
激励动机理论与目标设定理论

姓名	学号/账号	状态	提交时间	IP	批阅时间	批阅人	批阅ip	成绩
赵烨贝	1804151059	完成	2018-12-11 10:59	117.136.103.216	2018-12-11 10:59			91
陆莹莹	1804151039	完成	2018-12-11 22:56	58.242.126.129	2018-12-11 22:56			72
王申晨	1804151047	完成	2018-12-11 22:58	223.104.33.70	2018-12-11 22:58			100
胡纪元	1804151031	完成	2018-12-11 23:05	60.173.56.248	2018-12-11 23:05			82
王文靖	1804151048	完成	2018-12-11 23:06	60.173.56.240	2018-12-11 23:06			100
胡有渔	1804151004	完成	2018-12-12 15:06	120.209.252.226	2018-12-12 15:06			91
吴大伟	1804151012	完成	2018-12-12 15:26	223.104.34.14	2018-12-12 15:26			91
阮玲馨	1804151043	完成	2018-12-12 16:33	36.60.236.22	2018-12-12 16:33			100
许振兴	1804151016	完成	2018-12-12 19:33	223.104.35.41	2018-12-12 19:33			91
袁靖	1804151018	完成	2018-12-12 21:21	117.136.117.28	2018-12-12 21:21			100
张亭亭	1804151056	完成	2018-12-12 21:32	120.209.252.208	2018-12-12 21:32			91
董凤	1804151026	完成	2018-12-16 11:42	223.104.37.174	2018-12-16 11:42			100
汪雅婷	1804151045	完成	2018-12-16 14:25	117.136.101.187	2018-12-16 14:25			91
肖振华	1804151014	完成	2018-12-16 19:21	36.60.55.123	2018-12-16 19:21			100

2. 教师教学心得

信息技术的发展给高校教学提供了广阔的发展空间，对高校课堂教学产生了深刻的影响，智慧教学是新时代高校教学改革的助力。作为一名青年教师，我有幸参加安徽省应用型本科高校联盟"第二届'超星杯'移动教学大赛暨智慧课堂教学创新大赛"。在参赛前，我有很多困惑。智慧教学和平时接触的优质课堂有什么不同？教学平台是怎样的平台？带着这些困惑，我参加了此次比赛。这次比赛让我进一步认识了智慧教学，并促使我积极探索新时代高校现代化教学模式。

智慧教学要求教师创新教育理念，掌握现代化教学技术和手段，增强教学的针对性、实效性、趣味性，激发学生学习的积极性，课堂内外相结合，引导学生主动参与学习，学会思考、乐于分享，提升教学效果。在智慧课堂教学中，学生是学习的主人，教师扮演的是引导者的角色，通过教学设计、选择教学方式等，对学生的学习加以辅助，帮助学生完成学习内容的自我构建，提高教学质量和效率。

智慧教学在实际教学过程中拥有众多优势。在课前环节，通过预习课件、浏览优秀慕课资料、观看微课视频等方式，让学生提前了解授课内容。同时通过习题测试学生的预习情况，反馈学习效果，帮助老师了解授课重难点。在课堂环节，通过系列测试题改变课堂授课方式，提高学生参与度、注意力和"抬头率"。比如将传统文字总结重难点的方式改为测试，引导学生总结自我；教师利用互动工具增强课堂趣味性，提升学生参与度。学生做得越来越多，老师讲得越来越少。在课后环节，教师及时批改作业，学生及时查看答案解析。教师除刚开始建设课程时需要大量整理、输入资料外，之后只需补充材料，不用重新整理材料，节约了备课时间。同时，智慧教学可提供数据分析功能，帮助教师精准、便捷化地管理学生的学习状态、平时成绩、课堂教学成效，学生同样能及时了解自己的学习成效。智慧教学能有效帮助老师准确掌握学生的学习成效，引导学生发现学习疏漏处，改善学习方法，提高学习效率。

智慧教学对教师来说同样是一种考验。一是教师要不断学习新的教育理念，必须培育与新时代教育相适应的新的教育理念。在新时代，教师要更加重视素质教育，提升学生的综合能力，同时培养学生的实践创新能力和动脑动手的能力，引导学生自主思考，大胆实践，成为有创新思维、敢于创新的中国特色社会主义事业的接班人。二是要学习新的教学方法。在新时代，教师需要不断学习信息化教学手段，利用智慧教学平台与学生进行互动，创新授课形式，比如微视频、微课、直播等。发挥信息化教学的优势，提高教学效率，提升教学效果。同时还要学会利用大数据，分析学生特性及行为，总结学生的行为规律，对学生因材施教。

（五）专家点评

课程采用问题导入式教学设计，通过分析企业案例和生活实例，启发学生思考激励产生的原因、激励和动机的类型、有效激励和目标设定等，教学目标明确，教学内容清晰，教学针对性强。课程基于超星学习通平台，通过点名、选人、抢答、问答等方式展开课堂互动交流，调动了课堂学习氛围和学生的学习兴趣。通过课前预习、课上测试和讨论、课后复习和作业、学生学习情况数据统计等手段，精准掌握学生学习动态，提升了教学和学习效果。

案例 4
旅游市场

尹 乐

- ▶ 授课教师：尹乐
- ▶ 所在单位：滁州学院

尹乐，女，安徽滁州人，滁州学院副教授，主要从事旅游、酒店管理类课程教学工作，发表论文数十篇，主持参与省厅教学科研项目数十项，指导学生参加省级"挑战杯"及全国、省级高校技能大赛并获得二等奖等优异成绩，取得三类、四类教学成果十余项。

（一）课程背景

1. 课程名称

旅游学概论之旅游市场。

2. 参考教材

《旅游学概论（第七版）》，李天元，天津：南开大学出版社，2014年。

3. 教学目标及要求

知识目标： 掌握旅游市场及市场细分的知识，熟悉我国旅游业入境旅游市场的构成情况，并熟悉一个旅游目的地在选择重点客源市场时应予以考虑的主要因素。

技能目标： 学会收集最前沿的资讯，能够结合实际情况分析、解决问题。

素质目标： 培养学生分析数据表格的能力。

思政目标：激发学习动力；树立实事求是、追求真理的价值观。

4. 教学方法和策略

采用项目驱动教学法、启发式教学法、讨论式教学法、案例分析式教学法等多种教学方法，结合多媒体、智慧课堂等多种现代化教学手段激发学生的学习兴趣，提升教学效果。

5. 教学内容及重难点分析

（1）教学内容分析

旅游学概论是旅游管理专业的基础课，通过本课程的学习，学生能够了解旅游学的基本原理，掌握旅游管理学科的结构体系；能够比较系统地了解中外旅游活动的产生和发展概况，能够掌握旅游活动的三要素，旅游业的构成，旅游业对经济、社会、文化的影响，旅游业的宏观管理与协调，旅游业未来发展趋势等多方面知识。通过对旅游市场的学习，学生能够掌握旅游市场及市场细分的相关知识，熟悉我国旅游业入境旅游市场的构成情况，并熟悉一个旅游目的地在选择重点客源市场时应予以考虑的主要因素。

（2）教学重难点分析

① 教学重点及处理方法

重点：充分认识旅游细分市场的方法和意义。

处理：通过任务驱动完成小组调研，请学生在课堂进行PPT讲解与分享，最大限度地激发学生的学习积极性和主动性，让学生了解不同旅游细分市场的划分意义。

② 教学难点及处理方法

难点：入境旅游市场的规模、主要客源国地区分布、客源国分布的表格数据分析。

处理：给学生播放新闻资讯视频，教授学生掌握分析表格的基本要求，让学生学会从表格数据中找到并分析关键信息。

（二）教学设计

<table>
<tr><th colspan="2">教学环节</th><th>教学内容及设计</th><th>设计目的</th><th>时长</th></tr>
<tr><td rowspan="5">课程环节设计</td><td>1.习题作业检查及知识点回顾</td><td>通过发布测验题的方式，了解和掌握学生上一章的学习情况和本次教学的课前预习情况。</td><td>检查学生通过APP、泛雅平台等途径进行课前预习情况。</td><td>3分33秒</td></tr>
<tr><td>2.课下实践任务检查</td><td>学习市场细分理论之后，让学生以小组为单位调查某地（景区）的旅游客源情况，分析这些客源，给出市场细分的依据和建议。
【互动交流】选人：按选人的顺序各组汇报调研结果；
评分：其他学习小组给该组的表现打分。</td><td>让学生有主动学习的行动，引导学生学会调研，并能促使小组互助分工的局面形成，体现理论结合实际的教学理念。</td><td>12分15秒</td></tr>
<tr><td>3.表格分析一：入境旅游市场的发展与现状</td><td>【互动交流】让学生分小组进行"主题讨论"，了解入境旅游市场的入境规模情况，并做简要分析。利用"抢答"方式请任一小组派代表汇报小组讨论结果。</td><td>让学生掌握表格数据分析方法，在讨论过程中充分调动学生的思维、知识储备，理解数据产生变化的原因，可查阅资料。</td><td>2分10秒</td></tr>
<tr><td>4.表格分析二：中国主要的客源市场</td><td>【互动交流】小组讨论：外国入境游客来源的地区分布，根据来华人次进行排列，中国入境旅游的外国市场依次为亚洲市场、欧洲市场、美洲市场、大洋洲市场、非洲市场，请说明形成这种次序的原因。
小组讨论：为何位居前十位的客源国构成会有一些变化，而且有的国家的排序变动比较明显？从表中发现了其他的什么规律、现象？</td><td>让学生学会小组讨论的方法，各司其职，实现高效分工，能够掌握表格分析的基本方法，如需要注意图表数据最大值、最小值，变化幅度大的地方，并能分析其产生原因。</td><td>6分10秒+9分50秒=16分钟</td></tr>
<tr><td>5.讨论互动：关于重点客源市场的选择</td><td>【互动交流】要不要"重点依赖"某些客源市场呢？利用控件"投票"请学生发表意见，然后从正反方各邀请一名同学做解释说明。</td><td>课堂现场的回答主要考查学生的反应能力、语言组织表达能力，是课堂活动参与积极性的重要评价标准，教师课下会给出回答成绩，作为平时成绩的一部分，计入期末总评。</td><td>6分25秒</td></tr>
</table>

续表

教学环节	教学内容及设计	设计目的	时长
6.本堂课小结	复习重点： 1.我国入境旅游的规律性； 2.我国入境旅游主要客源国的变化及原因； 3.旅游重点客源市场的选择要谨慎。	巩固知识点。	30秒
7.布置作业及预习任务	1.了解我国在国际市场竞争方面的问题及发展入境旅游的对策。 2.中国的国内旅游市场的特点是什么？与国际客流相比，相似点、不同点各是什么？ 3.我国国内旅游市场的发展趋势如何？ 4.观看视频了解我国的出境旅游市场现状，设置"任务点"，检查学生课前完成情况。我国出境旅游的发展特点是什么？其前景如何？	学生借助于网络媒体、查阅资料、互助学习，归纳总结出国内、入境、出境旅游的特点，并能给出相应的对策、建议。	50秒

（表格左侧纵向标题：课程环节设计）

（三）教学过程

1.习题作业检查及知识点回顾（3分33秒）

课前作业检查：第五章 旅游业（2分13秒）

课程开始之前，利用"签到"考察同学们的出勤率。

在正式上课之前检查上一章旅游业的习题完成情况。旅游业包括旅行社、旅游饭店、旅游交通、旅游景点、旅游购物等部分，其中旅游景点方面主要向学生介绍了红色旅游、非物质文化遗产旅游、博物馆旅游、主题公园旅游、乡村旅游等多种旅游景点（景区）。从作业方面看学生们的掌握情况，并讲解错误率较高的题目：（1）汽车旅行包括哪些不同的形式？（2）博物馆主要可以分为哪两类？

之后公布学期过半同学们的成绩，号召同学们积极使用移动网络教学平台，补学补差，完成课下学习任务。

回顾知识点：旅游细分市场、全球国际旅游市场基本客源情况（1分20秒）

主要分析旅游市场中前两节的内容——旅游细分市场的含义、方法、意义及国际旅游市场基本客源情况，也就是全球旅游客流规律，了解同学们对所学知识的掌握情况。

2. 课下实践任务检查（12分钟15秒）

任务驱动法：本节课上课之前，已经先让每组同学修改对旅游者的个性特征等内容进行调查的问卷设计，并请同学们利用课余时间按小组完成旅游目的地客源市场的调研工作。在课堂上利用"选人"方法决定小组汇报的顺序。选出两组同学的代表，让他们各自汇报每个小组的调研情况，给出调研景区（景点）的客源市场在学生调研时间段内的情况，判断主要的客源，以及提出针对该主要客源市场应采取的对策。这项学习活动主要旨在让学生带着任务去学习掌握调研客源市场及细分客源市场的方法，并能有针对性地探讨一些旅游产品的开发对策。

每组汇报时间控制在3分钟以内（共4分40秒）。利用APP"评分"功能，请其他各组同学根据他们的调研情况（占比40%）、汇报讲解（占比30%）及PPT内容的充实程度（占比30%）进行打分，去掉最高分、最低分，给出最后的得分。之后结合老师的评价，给出小组在这个项目上的最终得分，此项成绩将作为平时成绩的一部分，计入期末总评。

案例分析法：观看视频（1分30秒），分析我国老年旅游市场的现状。既然老年旅游市场潜力如此巨大，那么对出现的问题应该如何解决，应该如何促进老年旅游市场发展呢？这是对上一章内容的巩固，能够帮助学生对旅游市场的产品开发有更深刻的理解（5分20秒）。

3. 表格分析一：入境旅游市场的发展与现状（2分10秒）

明确旅游客源市场由三部分人组成，即外国人、海外华侨、港澳台同胞，让学生分小组"主题讨论"，了解入境旅游市场的入境旅游规模情况，并做简要分析。这是学生应该掌握的表格数据分析方法，在讨论过程中充分调动学生的思维、知识储备，理解数据产生变化的原因，可查阅资料。利用"抢答"方式请任一小组派代表回答本小组讨论结果，之后教师进行总结。

入境旅游规模（单位：万人次）				
年份	总计	外国人	海外华侨	港澳台同胞
1978	180.92	22.96	1.81	156.15
1979	420.39	36.24	2.09	382.06
1980	570.25	52.91	3.44	513.90
1985	1783.31	137.05	8.48	1637.78
1990	2746.18	174.73	9.11	2562.34
1995	4638.65	588.67	11.58	4038.40
2000	8344.39	1016.04	7.55	7320.80
2005	12029.22	2025.51		10003.48
2010	13376.22	2612.69		10249.48
2017	13948.24	2916.53		11031.71

资料来源：根据历年《中国旅游统计年鉴》整理。

表1中海外华侨入境旅游人次少，从2001年起，《中国旅游统计年鉴》不再单独列出入境游客中的海外华侨旅游规模。港澳台一直是我国主要的入境旅游客源市场，其原因有探亲访友、商务往来等。

4. 表格分析二：中国主要的客源市场（16分钟）

值得注意的是外国人入境旅游市场的来源地域。

（1）了解外国人入境旅游市场的来源地域分布状况

小组讨论：外国人入境游客来源的地区分布，根据来华人次进行排列，入境旅游的外国人市场依次为，亚洲市场、欧洲市场、美洲市场、大洋洲市场、非洲市场，请说明形成这种次序的原因。

根据表2，小组讨论分析结果如下：亚洲为主要入境旅游地区，原因为，交通方便，距离近；人口基数大；与中国文化渊源近；交流方便，亲友多等。非洲及其他地区为入境旅游最少的地区，原因为，战争、疾病、距离远、贫穷等。欧洲为次要入境地区，原因为，经济发达、受教育程度高，外出意愿高，商务出游人次多。

案例 4
旅游市场

年份 市场	全球	亚洲	欧洲	美洲	大洋洲	非洲及其他地区
外国人入境游客来源的地区分布（单位：万人次）						
2001年人次	1122.64	698.24	256.73	127.84	31.02	8.82
比重（%）	100	62.2	22.9	11.4	2.8	0.72
2002年人次	1343.95	864.38	282.59	150.96	35.37	10.66
比重（%）	100	64.3	21	11.2	2.6	0.8
2003年人次	1140.29	726.5	259.76	113.29	30.01	10.72
比重（%）	100	63.7	22.8	9.9	2.6	0.9
2004年人次	1693.25	1073.66	377.58	178.95	45.21	17.86
比重（%）	100	63.4	22.3	10.6	2.7	1
2005年人次	2025.51	1250.63	478.49	222.39	57.36	24.45
比重（%）	100	61.75	23.6	11	2.7	1.2
2010年人次	2612.69	1620.37	567.28	299.54	78.93	46.57
比重（%）	100	62	21.7	11.5	3	1.8
2018年上半年人次	2377	1823.16	287.62	190.16	45.16	30.9
比重（%）	100	76.7	12.1	8	1.9	1.3

资料来源：根据历年《中国旅游统计年鉴》整理。

（2）对表3、表4进行分析，了解中国旅游业十大国际客源国的构成和排序情况

小组讨论：为何位居前十位的客源国构成会有一些变化，而且有的国家的排序变动比较明显？从表中还能发现什么现象和规律？

外国人入境游客来源的地区分布									
年份 排序	1981	1988	1991	1995	2001	2005	2010	2016	2017
1	日本	日本	日本	日本	日本	韩国	韩国	韩国	缅甸
2	美国	美国	美国	韩国	韩国	日本	日本	越南	越南
3	英国	英国	俄罗斯	美国	俄罗斯	俄罗斯	俄罗斯	日本	韩国
4	澳大利亚	德国	英国	俄罗斯	美国	美国	美国	缅甸	日本
5	菲律宾	菲律宾	菲律宾	蒙古国	马来西亚	马来西亚	马来西亚	美国	俄罗斯
6	法国	泰国	马来西亚	新加坡	新加坡	新加坡	新加坡	俄罗斯	美国
7	新加坡	新加坡	新加坡	马来西亚	菲律宾	菲律宾	越南	蒙古国	蒙古国
8	德国	法国	德国	菲律宾	蒙古国	蒙古国	菲律宾	马来西亚	马来西亚
9	泰国	加拿大	英国	英国	英国	泰国	蒙古国	菲律宾	菲律宾
10	加拿大	澳大利亚	法国	泰国	泰国	英国	加拿大	新加坡	印度

资料来源：根据历年《中国旅游统计年鉴》整理。

2016年中国主要客源国入境情况							
排序	1	2	3	4	5	6	7
客源国	韩国	越南	日本	美国	俄罗斯	新加坡	印度
人次（万）	476.22	316.73	258.74	224.78	197.6	92.19	79.91
同比增长(%)	7.2	46.6	3.6	7.8	24.9	1.8	9.4
排序	8	9	10	11	12	13	
客源国	泰国	加拿大	澳大利亚	德国	英国	法国	
人次（万）	74.9	74.08	67.32	62.27	59.43	50.35	
同比增长(%)	16.8	9	5.6	−0.1	2.5	3.4	

资料来源：根据历年《中国旅游统计年鉴》整理。

从表3、表4可以看出，主要入境国家的排序会有变动，特别是第一名的变化。从2005年开始，韩国代替日本成为我国入境旅游第一客源国，其原因为中韩友好、距离近、韩流影响等；缅甸2017年跃居首位，原因是两国高层的互访、重要的交通通道建设等；越南的入境人数同比增长最大，原因是越南跟中国接壤、边境旅游发展较好、两国的交往密切、留学人数多；德、英、法从20世纪九十年代中国主要的客源国中退出前十位，原因是距离远、有替代型旅游目的地的竞争、与中国的交往大多数出于商务需要等。

讨论法：这几个表格能较为清晰地反映中国入境客源市场的状况，教师先让小组进行讨论，进行头脑风暴，学生可以查阅资料，讨论的内容在大屏幕的"主题讨论"板块显示。然后通过"抢答"的方式，请小组代表总结讨论后的观点，最后教师做点评，帮助学生提高发现问题、分析问题、解决问题的能力。

5. 讨论互动：关于重点客源市场的选择

既然已知晓一些主要的客源市场，那么要不要"重点依赖"某些客源市场呢？利用APP控件"投票"请学生发表意见，然后从正反方各邀请一名同学做解释说明。

这也是上节课布置的预习任务,所以课堂现场的回答主要观察学生的反应能力、语言组织表达能力,这也是课堂活动参与积极性的重要评价标准。教师课下会给出回答成绩,作为平时成绩的一部分,计入期末总评。

重点依赖某些客源市场的好处:可以做重点营销宣传,节约有限预算以获得旅游最佳开发效益;可以有重点地选择高质量的客源,扩大收入,减少人力、物力、财力成本。缺点是不利于分散市场风险,该重点客源市场可能会遇到不可抗力因素,例如自然灾害、战争、疾病、金融危机等;成本会影响该地的客源输出。

讲授法: 选择重点客源市场应考虑的因素:

(1)影响该客源国居民出国旅游市场潜力的因素;

(2)该客源国居民前来本目的地旅游时,有关消费开支的影响因素;

(3)该客源国居民对本目的地的旅游供给所持有的印象。

教师会展开阐述这些内容,学生课前应该利用移动网络学习平台提前预习,查阅资料,在课堂上积极作答。这样有利于加快课程进度,学生也更容易理解和吸收知识。

6. 本堂课小结(30秒)

(1)掌握我国入境旅游规模持续增长的规律性;掌握并运用表格数据分析方法。

(2)我国入境旅游主要客源国的变化及原因。

(3)旅游重点客源市场的选择要谨慎。

7. 布置作业及预习任务（50秒）

（1）了解我国在国际市场竞争方面的问题及发展入境旅游的对策。查阅资料找到相应的对策，给出建议。

（2）中国的国内旅游市场的特点是什么？与国际客流相比，它们的相似点、不同点各是什么？

（3）我国国内旅游市场的发展趋势如何？

（4）观看视频了解我国的出境旅游市场现状，设置"任务点"，检查学生课前课程预习完成情况。我国出境旅游发展的特点是什么？其前景如何？

（四）教学反馈

1. 学生学习反馈

（1）课程总体情况

以2018级两个班来讲，网络平台访问量突破3万次，可见利用移动网络教学平台进行的课程改革已经收到初步效果，学生开始利用平台进行高频次的学习。

大多数同学需要通过视频、测验完成相应任务点的学习，否则不能进行下一章节的学习。这种任务驱动的进阶式学习，能够防止学生投机取巧。学生们在一定的压力下完成课程任务的进度较好，21个任务点，平均完成19.1个，完成率90.9%。

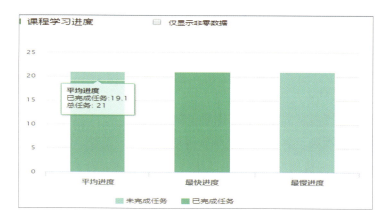

以182旅游管理本科班的统计数据为例,2018年10月的访问量为169次。其中10月20日一天的访问时间主要集中在20:00～24:00,说明大多数同学利用晚间时间进行学习,这也符合学生们自学的规律:平时白天还要上其他公选课、专业课,只有晚上才能集中时间完成旅游学概论课程的学习。

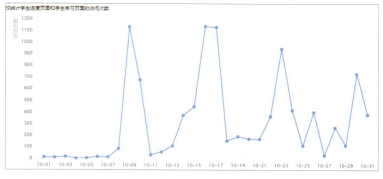

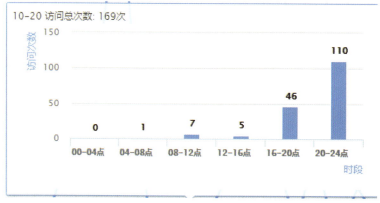

（2）学生学习情况

还是以 182 级旅游管理本科班为例，全班共 56 人，根据访问次数占比 25%，讨论占比 40%，作业完成情况占比 10%，章节测验占比 5%，课堂互动（即利用网络平台、APP）参与程度占比 20%，最终算出本课程的综合成绩 80 分以上的有 33 位同学，这说明大多数同学在教学手段变革的情况下，学习效果还是较好的。这项综合成绩，也是老师认定旅游学概论这门课程平时成绩的重要依据。

序号	学生姓名	学号/账号	学校	访问次数（25%）	讨论（40%）	作业（10%）	考试（5%）	课堂互动（20%）	综合成绩
21	陆雅倩	2018240044	滁州学院	25.0	32.8	6.08	3.53	11.45	78.86
22	汤连红	2018240060	滁州学院	25.0	30.4	8.77	3.61	11.4	79.18
23	董有洁	2018240012	滁州学院	25.0	34.4	7.58	3.6	9.95	80.53
24	汪婷	2018240066	滁州学院	25.0	32.0	7.63	3.8	12.25	80.68
25	潘赛维	2018240046	滁州学院	25.0	33.6	8.69	3.55	10.2	81.04
26	陈雪青	2018240004	滁州学院	25.0	31.2	8.86	3.7	12.4	81.16
27	杨梦婷	2018240092	滁州学院	22.19	37.6	6.73	3.9	10.95	81.37
28	江姗姗	2018240026	滁州学院	25.0	34.4	6.69	3.89	11.4	81.38

（3）学生评价

181 旅游管理本科班万乐勤：作为班长，基本上每节课要做出勤的记录，但是 APP"签到"控件的使用，减轻了我的考勤工作负担，不同花样的签到方式也打开了课堂的有趣之门。

朱静娴：APP"投屏"功能真的很不错。APP 中不仅包含了必学的课程，还可以根据自己的兴趣加入其他课程进行学习，观看视频，阅读书籍等。在老师讲课时，在 APP 上面打开"投屏"功能，将上课配套的 PPT 和 Word 直接导入我们的手机，就避免了看不清黑板或者投影设备上面的一些字，或者上课进度太快而做不了笔记等情况的发生。

强亚萍：非常喜欢 APP 中"错题库"的功能。APP 在期末考试的阶段成为我们重要的复习工具，APP 里面有丰富的题量。对于我们个体来说，每个人所吸收的知识并不相同，错题库功能记录了我们每一次做错的题目，可以帮助我们进行重点复习。

2. 教师教学心得

经过一段时间的学习和实践，我对信息化教学有了更深刻的认识。

新一代网络教学模式，是对传统教学模式的重大变革，突破了传统"面授"教学的局限，为学习者提供了一个跨时间、跨地域的互动交流平台，是一个让学习者可以随时随地体验新一代网络教学所带来的高效和便利等优势的平台。

充分利用信息化教学技术让资源展示、教学支持、师生互动等能协同发挥最大作用。由于教师与学生面对的是同样的信息资源，因此教师必须具有较高的课堂驾驭能力和课堂管理能力。

总之，相对于学生，教师面对信息化教学资源所感受到的不仅是便利，也是挑战。教师必须思考和实施新的对策与方法，一方面要激发学生自主学习的兴趣，培养学生的创新能力；另一方面要重新确立教育教学的侧重点。

（五）专家点评

课程采用问题研讨式教学设计，通过课前课题调研和课上小组讨论的方式，引导学生自主完成入境旅游市场各类有效和重要数据的收集、整理和分析，培养了学生发现和解决问题的能力。课程运用多媒体、智慧课堂等多种现代化教学手段，丰富教学内容，拓展学生知识面，增强课堂互动性，激发了学生的学习兴趣，提升了课堂的教学效果。

自然科学篇

案例 5
类和对象

徐志红

▶ 授课教师：徐志红
▶ 所在单位：滁州学院

徐志红，女，滁州学院教师，副教授，研究方向为学习科学与大数据。主要从事面向对象程序设计（Java）、JavaEE 应用开发、Web 前端开发技术和大学计算机基础等课程教学工作，曾多次获省级、校级教学成果奖，获全国高校混合式教学设计创新大赛"设计之星"奖，安徽省智慧课堂教学创新大赛一等奖。

（一）课程背景

1. 课程名称

Java 面向对象程序设计。

2. 参考教材

《Java 面向对象程序设计（第二版）》，赵生慧，北京：中国水利水电出版社，2010 年。

3. 教学目标及要求

知识目标：（1）学会举例说明类和对象的区别；（2）掌握用类制造对象的方法；（3）掌握类的设计方法。

能力目标：（1）培养学生的协作能力；（2）培养学生使用面向对象思想分析和解决编程问题的能力。

素质目标：培养学生的团队合作精神。

4. 教学方法和策略

遵循以教师为主导、学生为主体的指导思想，利用智慧教室和教学 APP，设计课前学习任务单、课中互动教学、课后作业互评的线上线下混合式教学。课堂中运用 BOPPPS 教学模式开展互动教学，结合网络学习排行榜、游戏互动、APP 抢答等调动课堂气氛，设计小组任务；利用云平台，培养学生的创新思维和团队合作精神；结合工程项目开展个性化指导，帮助学生分析和解决问题，形成生生、师生以及教学资源之间的有效交互。

5. 教学重难点

重点：创建对象、设计与实现类。

难点：运用面向对象编程思想分析和解决问题。

（二）教学设计

【线上课前设计】

教师任务：设计学习任务单；基于实际工程项目选取题目上传至 APP；设计并录制教学视频；定期在讨论区发帖参与讨论；查看平台智能统计资料，分析学生预习情况和答题错误率。

学生任务：根据学习任务单，完成课前的预习任务，包括观看课程视频（30分钟）、完成单元测验（10题）、讨论区发帖参与讨论。

【线下课堂设计】

1. B（Bridge-in）

情景导入，阐述思想。根据平台统计资料，智能诊断学习视频观看、测验答题错误率等情况，反馈网络学习排行榜，激发学生的学习动力。用播放 PPT 的方式展示英国哲学家维特根斯坦在《逻辑哲学论》中提出的"世界是由对象组成的"观点，并将其引入计算机中的编程思想"面向对象"，进而进入课程主题。

2. O（Objective）

阐述目标，明确任务。阐述本讲内容及主要目标任务。

3. P（Pre-test）

课堂前测，理解概念。设计互动游戏，并结合学生课前在学习平台上发表的观点，在线下课堂上开展"是真的吗？"游戏互动环节，帮助学生理解类和对象的区别。

4. P（Participatory learning）

互动教学，实践编程。设计抢答游戏，环环相扣，逐步分析并解决"自动售货机编程"问题。教师示范演示、分析讲解，学生小组讨论、现场编程、拍照上传、展示作品，利用 APP 开展投屏、抢答、小组任务、评分等活动。

5. P（Post-test）

课堂后测，及时反馈。利用 APP 进行随堂测试，涉及的知识点包括构造方法、类的定义、方法的定义、创建对象等。以工程认证为指导，主要检测学生的程序阅读和分析能力。

学生完成教师下发的 APP 测试题目，课程平台实时显示每个题目的正确率与错误率，教师选择错误率较高的题目进行讲解。通过课程平台实时检测、教师及时反馈，提升学生的课堂学习效率。

6. S（Summary）

课堂总结，拓展创新。总结本讲内容，布置课后编程作业。结合工程项目，训练学生面向对象编程思维，拓展思路，分析和解决问题。利用课程平台发布、跟踪学生的编程作业完成情况并给予相应的指导。

【线上课后设计】

教师任务：在泛雅平台中布置课后编程作业，设定同伴互评标准；布置下周的学习任务单。

学生任务：将课后作业提交至学习平台，同学互评。完成下周的学习任务单中的内容。

（三）教学过程

1. B（Bridge-in）情景导入，阐述思想（2 分钟）

（1）线上签到，检查并反馈学习任务单完成情况打开智慧教室，进行手势签到。

学情智能诊断反馈包括每个视频的观看比例、每个同学的视频学习时间、测验参与人数、测验每题正确率等，表扬网络平台中成绩前十名的同学。

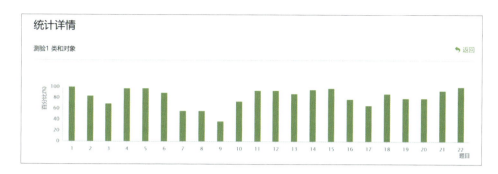

（2）课堂导入

用播放 PPT 的方式展示英国哲学家维特根斯坦的照片及著作，介绍面向对象思想编程来源，引入本讲主题。

2. O（Objective）阐述目标，明确任务（1 分钟）

介绍本讲主要内容，明确使用类和对象编程思想解决实际编程问题。

3. P（Pre-test）课堂前测，理解概念（3 分钟）

教师：讲解类和对象定义，举例：1 辆红旗轿车与公交车类、轿车类、卡车类。

模仿中央电视台的节目《是真的吗？》，讨论网络平台论坛内容是"真的"或者"假的"。选择平台讨论区中"举例说明类和对象"这一话题，挑选三个同学的帖子进行再次讨论。请在座的同学思考，看看谁说的是真的。

学生：思考并回答问题。

对于"假的"帖子内容，请同学予以更正。

4.P（Participatory learning）互动教学，实践编程（33 分钟）

4.1 使用类制造对象（15 分钟）

（1）教师示范编程，激发出学生的创意，在 APP 上发布小组任务

在泛雅平台丨云端上下载资料，下载 shapes.zip，解压后有 6 个 Java 文件。

教师使用 Eclipse 打开 Java 文件，阅读并分析程序，讲解使用类制造对象的方法，注意构造方法的调用，示范编程实现使用类制造对象，创作图形作品。

在 APP 上发布小组任务，小组协作讨论创作创意图形，并使用 Java 编程实现。

（2）小组讨论创意，编程实现用类制造对象

教师参与小组讨论，肯定创意，点评注意事项，如构造方法的参数设置等。

小组协作讨论，有的同学负责设计图形，有的负责撰写代码。

学生讨论对象创建、方法的调用，在方法中使用循环实现多个图形的绘画。

（3）学习创意作品投屏展示，在 APP 上打分

学生完成编程，拍照上传小组作业。

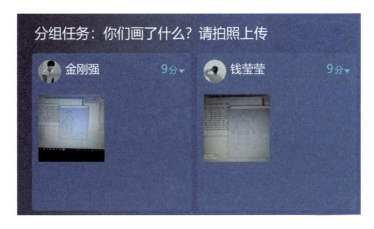

教师针对每组作品,在APP上给学生打分,分数计入学生网络学习成绩。

4.2 设计和实现类(18分钟)

(1)APP抢答,描述UML图

结合上题shape中已有的类,描述其UML图组成元素;APP上发布抢答任务,完成其余Java文件的UML图设计。

(2)小组探究,绘制UML图,解决问题

自动售货机程序,如何描述UML?

教师点评UML图,选择其中的一个UML,布置任务,要求每个学生独立完成使用Java编程实现自动售货机程序。

教师检查学生编程情况,并对个别学生的编程进行单独指导。

（3）学生展示编程代码，运行程序，展示结果

请一名学生展示其 Java 程序代码，教师进行点评。

5. P（Post-test）课堂后测，及时反馈（5分钟）

教师发布 APP 随堂测试任务，学生在 APP 上完成随堂测试任务。

教师投屏显示随堂测试结果，并对其进行点评。

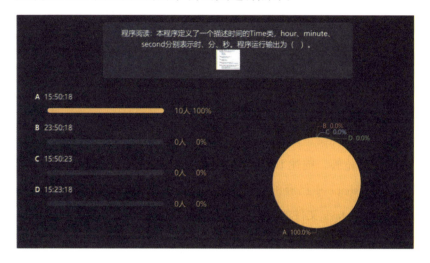

6. S（Summary）课堂总结，拓展创新（1分钟）

本节课从哲学思想的角度引入课程主题，结合生活中的类和对象来理解其定义，使用 shape 等类制造图形对象，帮助学生直观地看到 Java 编程中的对象；结合阅读 Java 程序，学习使用面向对象思想绘制 UML 类图。根据工程项目实际，提出问题——自动售货机程序，利用面向对象思想绘制 UML 图，使用 Java 编程解决问题。

拓展作业：用面向对象编程设计并实现呼叫器的程序是什么？要求：提交至平台，同伴互评。

（四）教学反馈

1. 学生学习反馈

本课程充分利用 Java 精品资源共享课的优质教学资源，采用网络教学平台的形式进行混合教学，对于提高学生的自主学习能力和编程能力有很大

的促进作用。每个学生在期末均能独立完成一个 Java 小程序的编写工作，如 Java 贪吃蛇、俄罗斯方块、车站售票系统、图书管理系统、网上购物系统、Java 计算器、Java 拼图游戏、Java 推箱子游戏等，如下图所示。

课程先后在 2014 级计算机科学与技术（对口招生）、2015 级网络工程、2016 级网络工程、2016 级计算机科学与技术（对口招生）等专业开展混合式教学。学生期末参加安徽省计算机水平考试二级 Java，考试成绩明显高于进行传统教学的班级的成绩，如下表所示。

班级	人数	平均分	优秀率	不及格率	最高分	最低分	教学方式
网工 152	59	87.22	69%	0%	98	67	混合式
物联网 151	61	79.2	37%	4%	97	48	传统

课程进行了混合式教学效果问卷调查。问卷主要内容包括课程开展混合式教学对培养和提高学生的自学能力和 Java 编程能力是否有帮助、学生对课程满意度、学生课外投入学习时间、学习讨论区是否对学习有帮助等问题。连续三届、超过 80% 的同学认为，与其他课程相比，他们在本课程上投入的学习时间更多，学习效果更好，讨论区对学习有一定的帮助，培养和提高了他们的自主学习能力和 Java 编程能力。

通过调查发现，85% 的学生花在这门课的时间增多了。

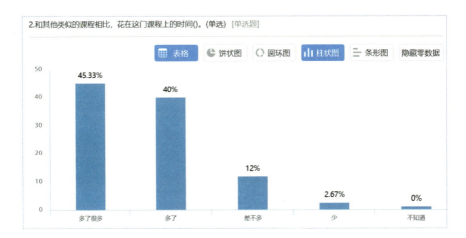

73.33% 的学生认为本课程的教学改革，提高了自己的自主学习能力。

93.33% 的同学对本课程的教学改革满意或非常满意。

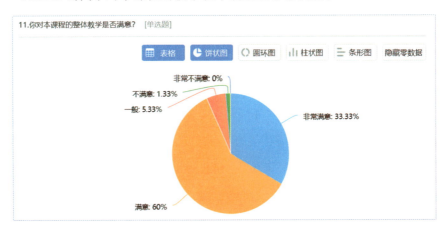

周婷：Java 课堂中，老师会布置课前学习任务单，让我们在学习平台中看视频预习功课，做测验；课堂上互动很多，有点名、随堂测试、小组作业和展示等，课后作业和实验全部在线提交和互评。同学相互学习，小组互助，课后也都完成了网络平台上的学习任务，在这门课程投入的时间比较多，这门课程学得也是最好的。

钱莹莹：Java 课程的课堂气氛比其他专业课程要活跃得很多，老师会及时反馈我们在网上学习的情况，课堂上请学生上台展示作品，做随堂测试，把课前网络学习和课堂讲授做了很好的结合。同学们都很喜欢这门课，不再害怕编程。

2. 教师教学心得

2018 年下半年，在学校教务处的鼓励下，我参加了本次智慧课堂教学创新大赛。在比赛的过程中，通过平台大数据分析，我在课前就可以看到学生视频学习情况、论坛发帖情况；更重要的是，通过精心的线上线下混合教学设计可以让课堂变得更加智慧。2014 年下半年，我在大学计算机基础翻转课堂中做随堂测试，每次在大屏幕上投影出 10 道选择题，给学生 1 张答题纸。学生答题后，互相交换答题纸，完成互评，然后教师再分析讲解题目，完成这个过程大约需要 20 分钟。但现在，通过使用 APP，随堂测试只需要 3 分钟即可完成，教师能通过平台数据分析，知道每道题的正确率，再针对正确率较低的题目进行分析讲解，完成整个测试和分析讲解大约只需 8 分钟，而且教学针对性更强。

另外，在参加教学的过程中，我尝试了一次课程直播，我提前一周告知学生下周二有直播，20:00 开始，时长 10 分钟，主要讲解期中考试题中的第 1、2 题。到了直播那天的 19:50，我在书房打开 APP，和学生进行了试直播，看直播图像等是否流畅。学生非常兴奋，留言告诉我，他们已经准备好了。一切准备就绪，20:00 准时开始直播，我左手拿着手机，右手用笔在试卷上分析题目的难点，并演示了主要程序段的编码过程。10 分钟很快过去了，一位学生的弹幕留言引起了我的注意，他说："这 10 分钟，我真的听懂了！"

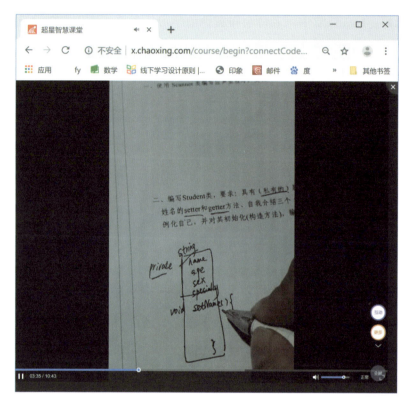

当看到他的留言时,我很激动,同时也在反思:"为什么反复讲内容的大班课效果没有 10 分钟的直播课好?"想来想去,我认为大概有以下几点原因:

(1)现在的学生是互联网+时代的学生,他们的学习习惯已经改变,更喜欢通过现代化的工具吸收知识;

(2)在直播时,学生认为老师是在针对学生个体进行教学,而不是大班授课,这使学生的注意力更集中;

（3）直播的时间仅有 10 分钟，学生更容易集中注意力；

（4）学生的好奇心被激发了，因为在这个班级还从来没有老师用直播的方式来讲课。

滁州学院非常重视信息化建设，鼓励老师创新课堂教学方法。我是从 2014 年参加大学计算机基础 MOOC 课程建设时，开始接触翻转课堂，并开展相应的教学实践，授课对象是非计算机专业的学生。在讲授操作系统章节时，我将学生分成几个小组，要求他们提前看视频进行学习，并查阅资料，在课堂上开展辩论："操作系统 Windows 8 好，还是 Windows 7 好？"辩论赛中，学生准备得非常充分，结合自己的电脑操作系统，认真并反复观看视频，查阅了大量的操作系统方面的资料，展开了激烈的辩论，氛围比传统课堂活跃了很多，教学效果也非常好。我在想，既然公共课可以使用优质的网络教学提升课程教学质量，那么专业课一定也可以。所以从 2015 年开始，我所讲授的专业课全部采用混合式教学方式，在 Java 课程教学中，每学期课程在线平均访问量在 4 万人（次）；线下课堂学习气氛活跃，APP 随堂测验、课堂抢答、直播解析期中考题、小组协作学习效果较好。学生调查问卷显示，85% 的学生认为花在这门课的时间增加了，73.33% 的学生认为自主学习能力得到了提升，90% 以上的学生对课程教学满意度高。学生期末参加全省统一考试，优秀率（90 分以上）达 72%，全班平均分达 89 分。

教学的主要目标是使学生能够通过建构获取知识，以学习者为中心开展教学设计，实现线上线下的融合，让信息化助力教学改革。这对教师、对学生、对教学都将产生深远的影响。在国家提出"金课"建设，学校提出新工科、专业认证等大环境下，基于 OBE 开展课程改革，必将促进教学效果的有效提升。作为高校教师，我们应该不断学习，通过信息化手段促进课堂有效创新，让学生有更多的收获。

（五）专家点评

在本教学案例中，教师采用 BOPPPS 教学方法，利用 APP 智慧教学工具开展教学，取得了较好的教学效果。在教学设计中，教师将 BOPPPS 教学法的各个教学环节与智慧教学工具进行有机结合，在导入环节中加入课前预习结果的反馈，在教学过程中开展课前测试、分组讨论、课后测试等，较好地激发了学生的积极性和主动学习的兴趣，尤其是实现了课前、课中和课后整个教学过程的教学数据采集和分析，有利于教师及时了解学生的学习行为和学习效果，提高教学质量。本教学案例对理工科课程的智慧教学模式的探索有着较好的参考价值和借鉴意义。

案例 6
相似矩阵与矩阵可对角化的条件

王 珺

▶ **授课教师：王珺**
▶ **所在单位：巢湖学院**

王珺，女，安徽安庆人，巢湖学院教师，讲师职称，主要从事大学数学相关课程教学工作，曾获省级教学比赛二等奖和校级讲课比赛一等奖。

（一）课程背景

1. 课程名称

线性代数。

2. 参考教材

《线性代数》，卢刚，北京：高等教育出版社，2009年。

3. 教学目标及要求

知识目标：掌握矩阵相似的概念，掌握矩阵可对角化的条件，会将一个方阵对角化，并能够熟练利用矩阵对角化计算方阵的幂。

能力目标：培养学生利用数学思维发现问题和解决问题的能力。

情感目标：让学生体会矩阵对角化与生活密切相关，并能发现生活中的数学美；培养学生的团队合作精神。

4. 教学方法和策略

以"超星泛雅—学习通"移动教学平台为技术支撑，将信息化教学手段与传统教学手段如讲授法、演示法、练习法、讨论法有机结合，形成互动教学新模式。

5. 教学内容及重难点分析

经过上一节课的学习，学生已经掌握了方阵的特征值和特征向量的概念及其计算。这一节主要讲解特征值和特征向量的应用，即计算方阵的幂。而计算方阵的幂最重要的一步是先解决方阵对角化问题，这就是本节课的重点内容。其中，方阵可对角化的充要条件的推导，理论性较强，是本节课的难点。

（二）教学设计

	教学环节	教学内容及设计	设计目的	时长
课程环节设计	1. 知识点回顾	对上节课的重点知识特征值和特征向量的定义与计算进行复习。 【互动交流】选人答题：什么是特征值和特征向量？如何计算特征值和特征向量？	了解学生对上节课知识的掌握情况。	2分钟
	2. 预习反馈	课前要求学生分成两组完成一道习题： 设$P=\begin{pmatrix}1 & 2\\1 & 4\end{pmatrix}$, $A=\begin{pmatrix}1 & 0\\0 & 2\end{pmatrix}$, $P^{-1}AP=A$, 求A^n。 从该题目的求解方法中体会出如果方阵可以写成$A=PAP^{-1}$，则计算方阵的幂将转化成计算对角矩阵幂的问题。而对角矩阵幂的计算问题比普通方阵要简单，从而引入本节课的重点内容：矩阵可对角化。 【互动交流】分组任务：分成两组完成上述习题，并将答案制成 PPT 上传到 APP 上。课堂上两组同学各派一名代表，讲解他们的求解过程。	课前让学生完成一道习题，并从中发现解题的技巧，从而引入本节课的重点内容，培养学生发现问题和解决问题的能力。	7分钟
	3. 新课讲解	预备知识：相似矩阵和矩阵可对角化的定义。	学习相似矩阵和矩阵对角化的概念，为后续课程的学习做准备。	2分钟

案例 6
相似矩阵与矩阵可对角化的条件

续表

教学环节		教学内容及设计	设计目的	时长
课程环节设计		提出第一个问题：是否任意给定的方阵都可以对角化？黑板推导矩阵可对角化的必要条件。 【互动交流】（1）投票：你认为是否任意的方阵都可以对角化？ （2）选人、抢答：黑板推导过程中，联系到前期学习过的知识——矩阵可逆和向量组的线性相关性，向学生提问。	通过投票让学生猜想问题的答案，活跃课堂气氛，激发学生的学习兴趣。 通过选人和抢答，考查学生对前期课程的掌握情况。	8分钟
		提出第二个问题：方阵在满足什么条件的情况下，才可以对角化？黑板推导出矩阵可对角化的充分条件。	得到矩阵可对角化的充要条件：n 阶矩阵 A 有 n 个线性无关的特征向量。	3分钟
		提出第三个问题：如果矩阵可以对角化，那么可逆矩阵 P 和对角矩阵 $Λ$ 又如何求得呢？ 【互动交流】抢答：让学生在黑板的推导过程中，找出问题的答案。	让学生主动地发现问题并解决问题。	3分钟
	4.课堂练习	总结矩阵对角化的步骤，并完成课后习题：第 193 页第 14 题。 【互动交流】（1）分组任务：分成两组，讨论矩阵对角化的步骤； （2）直播：选择完成课堂练习比较好的同学的求解步骤进行直播。	分组任务培养学生的团队合作精神；发送直播演示优秀学生的答题过程，活跃课堂气氛，学生课下还可以观看直播回放，进行自主复习。	10分钟
	5.新知识的应用	矩阵对角化在生物种群增长问题中的应用。	理论联系实际，解决学生"学这个有什么用"的苦恼。	7分钟
	6.课堂小结与布置作业	复习本节课的重点知识，并布置作业。 【互动交流】测试：针对本节课的重点知识，发送测试。	通过测试，了解学生对本节课重点知识的掌握情况，对掌握得较差的同学，课下进行有针对性的辅导。	3分钟

（三）教学过程

签到：上课之前利用 APP 发布二维码让学生扫码签到，快速掌握学生的出勤情况。

1. 知识点回顾（2分钟）

复习上节课的重点知识：特征值和特征向量的定义与计算。通过 APP 发布选人活动，手机摇一摇随机选出学生回答问题，考查学生的复习情况。随后，学生自然会产生疑问：学习特征值和特征向量有什么作用和意义？从而引入这节课的内容。

2. 预习反馈（7分钟）

课前预习时，通过 APP 发布分组任务，将学生分成两组完成下面的习题。

案例 6
相似矩阵与矩阵可对角化的条件

已知
$$P=\begin{pmatrix} 1 & 2 \\ 1 & 4 \end{pmatrix}, \Lambda=\begin{pmatrix} 1 & 0 \\ 0 & 2 \end{pmatrix}, \quad P^{-1}AP=\Lambda$$

求 A^n。将讨论的答案制成 PPT 上传到 APP 上。课上，请两组同学各派一名代表上讲台讲解他们的解答过程。

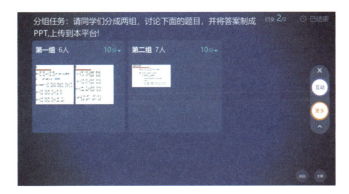

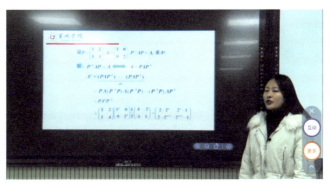

教师对这两组同学的解答过程进行比较，和同学们一起总结出解答上述习题较简便的方法。方法如下：

$P^{-1}AP=\Lambda \Leftrightarrow A=P\Lambda P^{-1}$

$$A^n = \underbrace{(P\Lambda P^{-1})\cdots(P\Lambda P^{-1})}_{n\text{个}}$$

$$= P\Lambda(P^{-1}P)\Lambda(P^{-1}P)\cdots(P^{-1}P)\Lambda P^{-1}$$

$$= P\Lambda^n P^{-1}$$

$$=\begin{pmatrix} 1 & 2 \\ 1 & 4 \end{pmatrix}\begin{pmatrix} 1^n & 0 \\ 0 & 2^n \end{pmatrix}\frac{1}{2}\begin{pmatrix} 4 & -2 \\ -1 & 1 \end{pmatrix}=\begin{pmatrix} 2-2^n & 2^n-1 \\ 2-2^{n+1} & 2^{n+1}-1 \end{pmatrix}$$

从上述方法中得到启发：如果方阵可以分解成可逆矩阵 P、对角矩阵 Λ 和矩阵 P 的逆矩阵三者乘积，则计算方阵幂的问题就转化成计算对角矩阵幂的问题，而计算对角矩阵的幂比计算普通方阵的幂要容易，从而使整个计算过程得到简化。由此导入这节课的重点知识：矩阵可对角化的问题。

3. 新课讲解（16分钟）

Step 1：相似矩阵和矩阵可对角化的概念（2分钟）

通过讲授式的教学方法，讲解两个预备知识：相似矩阵和矩阵可对角化的概念。

Step 2：矩阵可对角化的条件（14分钟）

提出三个问题：是否任意给定的方阵都可以对角化？方阵在满足什么条件下，才可以对角化？如果矩阵可以对角化，那么可逆矩阵 P 和对角矩阵 Λ 又如何求得？下面的教学内容，便是围绕这三个问题展开的。这部分内容是本次课的重点，也是本次课的难点。

第一个问题：是否任意给定的方阵都可以对角化？

通过 APP 发布投票活动，学生通过手机投票猜想第一个问题的答案，活跃课堂气氛。

在黑板上推导出矩阵可对角化的必要条件，具体推导过程如下：

$$P^{-1}AP = \Lambda$$
$$\Rightarrow AP = P\Lambda$$

案例 6
相似矩阵与矩阵可对角化的条件

$$\Rightarrow A(\alpha_1, \alpha_2, \ldots, \alpha_n) = (\alpha_1, \alpha_2, \ldots \alpha_n)\begin{pmatrix} \lambda_1 & & & \\ & \lambda_2 & & \\ & & \ddots & \\ & & & \lambda_n \end{pmatrix}$$

$\Rightarrow (A\alpha_1, A\alpha_2, \ldots, A\alpha_n) = (\lambda_1\alpha_1, \lambda_2\alpha_2, \ldots, \lambda_n\alpha_n)$

$\Rightarrow A\alpha_i = \lambda_i\alpha_i (i = 1,2, \ldots, n)(\alpha_i \neq 0)$

$\Rightarrow \alpha_1, \alpha_2, \ldots, \alpha_n$ 为矩阵 A 的 n 个线性无关的特征向量

在进行黑板推导的同时，发布抢答活动，让学生自主思考在推导过程中出现的两个细节性问题：(1) 为什么 $\alpha_i \neq 0$？(2) $\alpha_1, \alpha_2, \ldots, \alpha_n$ 为什么线性无关？这两个问题的答案与前期学习过的行列式和向量组的线性相关性密切相关，引发学生自主思考，突破这节课的难点，同时也可以使教师更好地了解学生对前期所学知识的掌握情况。

从矩阵可对角化的必要条件上可以看出第一个问题的答案：并不是所有方阵都可以对角化，如果 n 阶方阵没有 n 个线性无关的特征向量，那么这个 n 阶方阵便不可以对角化。

第二个问题：方阵在满足什么条件下，才可以对角化？

在上面的推导过程中，进一步得出具有 n 个线性无关的特征向量不仅是方阵可对角化的必要条件还是方阵可对角化的充分条件，进而得出定理 3.9：n 阶方阵 A 可对角化的充要条件是方阵 A 具有 n 个线性无关的特征向量。

定理 3.9 的推论：当 n 阶方阵 A 具有 n 个互不相等的特征值时，则方阵 A 一定能对角化。由于这个推论成立的理由用到了特征值和特征向量的性质，

因此为了考查学生对上节课知识的掌握情况，通过APP发布选人活动，让同学们自己找出问题的答案。

第三个问题：如果矩阵可对角化（即 $P^{-1}AP=\Lambda$），那么可逆矩阵 P 和对角矩阵 Λ 又如何求得？

由于在黑板推导的过程中，第三个问题的答案已经显现，因此继续利用APP发布抢答活动，让学生自己发现问题的答案，这比单纯的教师讲授式教学方法更能培养学生发现问题和解决问题的能力。

第三个问题的答案：对角矩阵对角线上的元素便是方阵 A 的 n 个特征值，而可逆矩阵 P 的列向量组是矩阵 A 的 n 个线性无关的特征向量。

4. 课堂练习（10分钟）

结合上述三个问题的答案，利用APP发布主题讨论，要求学生根据刚才所学习的内容，分成两组，讨论矩阵对角化的步骤，加深对所学知识的理解，并培养团队合作精神。

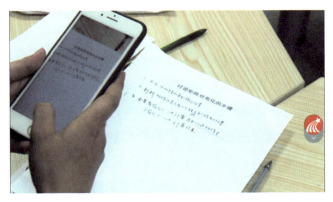

案例 6
相似矩阵与矩阵可对角化的条件

为了进一步巩固矩阵对角化的重点内容,要求学生完成课堂作业:课本第 143 页的第 8 题(课前,教师已经将本教材的电子书通过平台上传到课程章节中,学生可以随时查看;课上,教师将电子书投到大屏幕上,方便观看与讲解)。

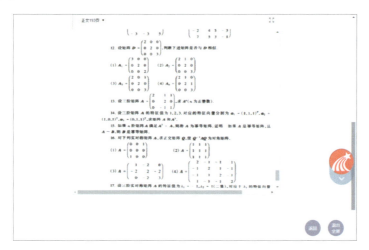

在学生完成课堂作业后,根据学生课堂作业完成的实际情况,发布直播活动,挑选完成较好的同学的答案进行直播,其他同学可以在手机上看到该同学的完成情况,并可以发送弹幕,评价该同学的解题思路。这样既可以分享优秀同学的解题方法,又可以增加课堂的趣味性,让学生在玩中学,更容易接受知识点。同时,直播还支持回放,课下,学生可以在 APP 上观看直播回放,进行自主复习。

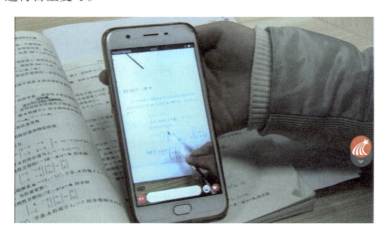

该题的具体求解思路如下：

设三阶矩阵 A 的特征值为 1,2,3，对应的特征向量分别为 $\alpha_1=(1,1,1)^T$，$\alpha_2=(1,0,1)^T$，$\alpha_3=(0,1,1)^T$，求矩阵 A 和 A^3。

解：因为矩阵 A 有三个互不相同的特征值，又因为属于不同特征值的特征向量线性无关，所以特征向量 α_1，α_2，α_3 线性无关，因此矩阵 A 有 3 个互不相同的特征向量，所以矩阵 A 可对角化。因此存在可逆矩阵

$$P=(\alpha_1,\alpha_2,\alpha_3)$$

和对角矩阵

$$\Lambda=\begin{pmatrix} \lambda_1 & & \\ & \lambda_2 & \\ & & \lambda_n \end{pmatrix}$$

使得：

$$A=P\Lambda P^{-1},$$

并且：

$$A^3=P\Lambda^3 P^{-1}=P\begin{pmatrix} 1^3 & & \\ & 2^3 & \\ & & 3^3 \end{pmatrix}P^{-1},$$

5. 新知识的应用（7分钟）

"线性代数"课程的特点是定义多，定理多，抽象晦涩，原因是所学内容与现实脱节，学生总是难以理解，经常会问"学这个有什么用"，从而丧失了学习"线性代数"的兴趣。在本节课的最后，针对这个问题，补充了矩阵对角化在解决种群增长问题中的应用，理论联系实际，使学生了解所学的知识可以运用到实际问题的解决中，让学生感受到生活中的数学美。

课前，教师将一段老鹰捕捉老鼠的视频通过网络平台上传到同步云盘；课上，直接调取云盘里的视频，在 APP 上进行播放，并投影到大屏幕上，再次激发学生的学习兴趣。

利用这段视频使教学内容直接过渡到矩阵对角化的应用上：大自然的法则是"物竞天择，适者生存"，而大自然中这些种群的增长规律却和这节课

所学习的矩阵对角化知识密切相关。在这里，以猫头鹰和森林鼠为例，了解怎么利用矩阵对角化去分析这两个物种的演化规律。具体过程如下：

已知某地区某月猫头鹰和森林鼠的数量分别为 30 只和 10000 只。经过 k 个月后，猫头鹰的数量为 O_k（单位：只），森林鼠的数量为 R_k（单位：千只）。经过统计，猫头鹰和森林鼠的数量具有以下关系式：

$$\begin{cases} O_k = 0.5 O_{k-1} + 0.4 R_{k-1} \\ R_k = -0.104 O_{k-1} + 1.1 R_{k-1} \end{cases}$$

试确定该系统的演化情况。

解：将关系式

$$\begin{cases} O_k = 0.5 O_{k-1} + 0.4 R_{k-1} \\ R_k = -0.104 O_{k-1} + 1.1 R_{k-1} \end{cases}$$

用矩阵乘法改写为：

$$X_k = A x_{k-1}$$

则：

$$x_k = A^k x_0$$

而根据已知条件，x_0 为 $\begin{pmatrix} 10 \\ 30 \end{pmatrix}$，所以问题转化成计算方阵的幂运算：$A^k$。

计算出方阵 A 的特征值为：

$$\lambda_1 = 1.02, \lambda_2 = 0.58$$

与它们对应的特征向量为：

$$\xi_1=\begin{pmatrix}10\\13\end{pmatrix},\xi_2=\begin{pmatrix}5\\1\end{pmatrix}$$

因为矩阵有两个互不相等的线性无关的特征向量，所以矩阵 A 可对角化。存在可逆矩阵 P 和对角矩阵 Λ：

$$P=\begin{pmatrix}10&5\\13&1\end{pmatrix},\Lambda=\begin{pmatrix}1.02&0\\0&0.58\end{pmatrix}$$

使得：

$$A=P\Lambda P^{-1}$$

则：

$$A^k=P\Lambda^k P^{-1}=\frac{1}{55}(\xi_1,\xi_2)\begin{pmatrix}-1\times 1.02^k&5\times 1.02^k\\13\times 0.58^k&-10\times 0.58^k\end{pmatrix}$$

所以：

$$x_k=\frac{4}{11}\times 1.02^k\begin{pmatrix}10\\13\end{pmatrix}+\frac{58}{11}\times 0.58^k\begin{pmatrix}5\\1\end{pmatrix}$$

当月份 k 无限大时，x_k 的第二项趋向于 0，则

$$x_k\approx\frac{4}{11}\times 1.02^k\begin{pmatrix}10\\13\end{pmatrix}=1.02\times\frac{4}{11}\times 1.02^{k-1}\begin{pmatrix}10\\13\end{pmatrix}\approx 1.02x_{k-1}$$

所以这个系统的演化规律为：（1）当月份 k 足够大时，猫头鹰和森林鼠的数量大约以 1.02 的倍数同比例增长；（2）当月份 k 足够大时，猫头鹰和森林鼠的数量的比值大约为 10∶13，即每 10 只猫头鹰大约对应着 13000 只老鼠。

矩阵对角化在其他领域中也有广泛的应用。课前，教师通过学习平台，在课程章节中插入扩展阅读；课下，学生可以通过 APP，点击课程章节，进行扩展阅读，了解更多矩阵对角化的应用问题。

案例 6
相似矩阵与矩阵可对角化的条件

6. 课堂小结与布置作业（3分钟）

本节课有三个重点：①知道矩阵对角化的条件；②会求可逆矩阵 P 和对角矩阵 Λ；③会利用矩阵对角化求方阵的幂。

课下，通过 APP 发送测试，教师通过测试结果，了解学生对这节课所学知识的掌握情况。

教学效果：

1. 以网络资源平台和手机学习平台的技术为支撑，有效地提高了课堂的教学效率，很好地解决了传统课堂教学中所出现的问题。

2. 通过课下交流，学生利用信息的水平有所提高，遇到困难时会主动在网络平台上提出问题，会主动利用网络资源进行自主学习。

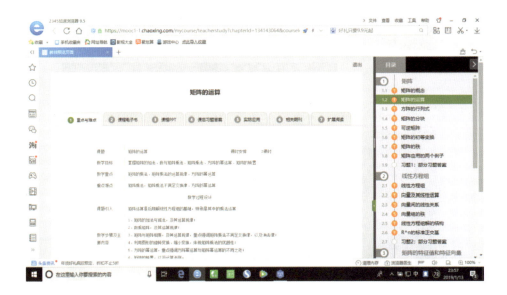

案例 6
相似矩阵与矩阵可对角化的条件

（四）教学反馈

1. 学生学习反馈

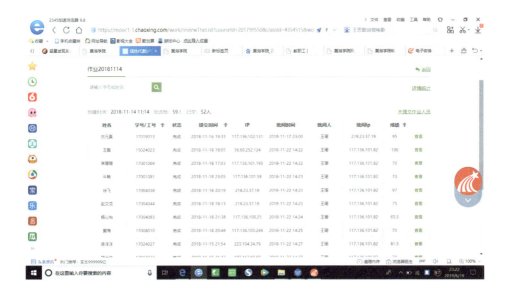

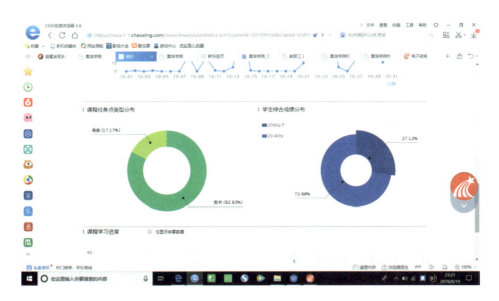

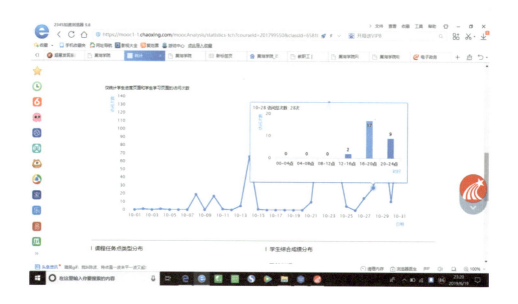

2. 教师教学心得

在当前"互联网+"背景下，本人在"高等数学"和"线性代数"课程的教学中，大胆地运用超星泛雅—学习通平台，以网络资源平台和手机学习平台的技术为支撑，将信息化教学手段和传统的课堂教学手段有机地结合在一起，开启了互动教学新模式。在"高等数学"和"线性代数"的课堂上，数学变得不再那么枯燥无味，学生的手机也不再是打游戏、刷朋友圈的工具，而是变成了与老师互动、与同学讨论的工具，有效地提高了教学效率和教学质量，很好地解决了传统课堂教学中所出现的问题。

在整个课程设计中，教师引导学生预习，学生自主掌握内化节奏、自测成效、讨论释疑。课前，教师在平台上设立课程，上传相关资料、课件、视频等，供学生预习和探索知识，要求学生在预习过程中记录疑问。学生头脑中带着问题进入课堂，老师直接在APP上查看学生记录的疑问，了解学生的疑惑点，使得知识点的讲授重点更加突出、有的放矢。课中，教师和学生通过手机客户端、平板客户端等进行有效互动，教师通过小组讨论、问卷调查、在线投票、视频直播等方式，对学生给予指导和问题反馈。课后，学生深化学习、应用课堂知识，浏览教师上传的拓展知识等资料，接受教师提供的在线指导和点评等。

运用信息化技术的"高等数学"和"线性代数"智慧课堂课程充分体现

了以学生为主体的现代教育教学理念，以培养学生能力为核心，突出学生实践技能、专业知识与动手实践能力相结合的综合素质的培养，为建设高水平的应用型大学、培养高素质的应用型人才提供有效途径。依托信息化教学技术手段的智慧课堂教学模式，提高了学生的学习质量和教师的教学质量。在评价方式方面，采用了过程性评价与终结性评价相结合、质性评价与定性评价相结合的发展性评价方式，将所学理论知识及动手技能运用于实训，锻炼了学生的实践能力，实现了教师和学生对知识的终身学习。

（五）专家点评

课程以 APP 等技术为支撑，将信息化教学手段和传统的课堂教学手段进行有机结合，开启了数学课程互动教学新模式。通过课前上传视频和文本教学资料、设计思考题等方式，引导学生预习，有效掌握学生学习情况。通过课上选人、抢答、讨论、投票、视频直播等教学手段，活跃课堂气氛，增强课堂教学互动性。通过课后作业、测试、教师在线指导等方式，提升教学和学习效果。

★ 案例 7
降压斩波电路

苏巧平、李文谨、李红星

▶ **授课教师**：苏巧平、李文谨、李红星
▶ **所在单位**：安徽新华学院

苏巧平，女，山东莱阳人，安徽新华学院教师，副教授，主要从事电力电子技术、电力系统继电保护相关课程教学工作，发表论文数篇，拥有专利数十项，主持省级质量工程四项，曾获全国电工电子实验教学案例竞赛三等奖。

（一）课程背景

1. 课程名称

电力电子技术。

2. 参考教材

《电力电子技术》，王兆安、刘进军，北京：机械工业出版社，2013年。

3. 教学目标及要求

知识目标：掌握降压斩波电路的电路结构、工作原理、定量计算、电流断续的条件。

技能目标：能够进行降压斩波电路的分析计算。

素质目标：培养学生勤于思考的能力；培养学生电路分析及计算能力；培养学生跨课程思维能力。

4. 教学方法和策略

利用课前预习、课中管理、课后复习三阶段的有效管理，提高学生课外学习的积极性和课堂授课过程的参与性。采用课前布置分组任务的方式，让学生发现身边与课程内容相关的小例子，课堂授课过程中利用学生分享任务、在虚拟实验室演示相关知识点、插播视频以及发布抢答、选人、讨论等方式，激发学生的学习兴趣，提升教学质量。

5. 教学内容及重难点分析

（1）教学内容分析

电力电子技术课程是电气类专业的重要课程之一，直流斩波电路是本课程四大变换之一，降压斩波电路又是直流斩波电路中最重要的基本斩波电路之一，是学习直流斩波电路的基础。通过本课程的学习，学生能够熟记和分辨降压斩波电路，能够熟练分析降压斩波电路的工作原理，并能熟练运用定量计算、电流断续的条件等理论进行降压斩波电路的分析计算。

（2）教学重难点分析

① 教学重点及处理方法

重点：降压斩波电路的电路结构、工作原理、定量计算、电流断续的条件。

处理：电路结构拆分，利用抢答、选人、讨论、播放视频等方式，将学生吸引到较为枯燥的理论分析中。

② 教学难点及处理方法

难点：降压斩波电路的工作原理及电流断续条件分析。

处理：与教学重点的处理方法相同。

（二）教学设计

课程环节设计	教学环节	教学内容及设计	设计目的	时长
	1.签到	上课前例行签到。 【互动交流】手势签到：设计比较复杂的手势和较短的签到时间，以防止手势泄漏、未到却签到的情况发生。	查看学生出勤情况。	1分钟

续表

	教学环节	教学内容及设计	设计目的	时长
课程环节设计	2. 课前预习反馈	事先将学生预习完成情况截图，包括任务完成情况、预习试题情况、讨论区预留问题情况等。	提出问题，督促完成任务不积极的同学。	2分钟
	3. 引言	直流电动机的工作原理及转速调节方法回顾。 【互动交流】利用虚拟仿真平台播放直流电机工作原理，得出转速公式。 【互动交流】抢答：直流电机调速方法有哪些？ 【互动交流】分组任务：反馈分组任务各组完成的情况，选取最具代表性的两个视频与全班同学进行交流。	首先对电机调速进行回顾，然后利用预先布置的分组任务中学生制作的关于直流电机调速的两个小视频，引入直流斩波电路概念，并留下悬念：今天要学习的到底是哪种斩波电路？	7分钟
	4. 回顾	IGBT 开通、关断的条件。 【互动交流】抢答：IGBT 开通和关断条件。	回顾今天要学习的电路中使用的开关器件的开关条件。	3分钟
	5. 降压斩波电路结构	将降压斩波电路分为三个部分，每一部分分步骤给出。	使学生记住降压斩波电路的电路结构，能够将其与别的斩波电路进行区分。	2分钟
	6. 降压斩波电路电流连续工作原理	降压斩波电路电流连续时开关器件导通和关断时负载电压与电流的变化过程。 【设计要点】开关器件导通和关断时负载电压与电流的变化过程一定要一步一步给出，逻辑要严密。	使学生能够真正理解降压斩波电路电流连续工作的原理。	5分钟
	7. 降压斩波电路电流连续定量计算	降压斩波电路电流连续时负载电压电流的定量计算。 【互动交流】选人：降压斩波电路电源电压与输出电压有什么关系？ 【互动交流】抢答：可以采用哪些方法改变降压斩波电路的输出电压？	使学生掌握降压斩波电路电流连续时的平均电压与平均电流的计算方法，通过选人和抢答环节的设置，学生更容易记住输入电压与输出电压的关系及调压的方法。	8分钟

续表

教学环节		教学内容及设计	设计目的	时长
课程环节设计	8.降压斩波电路电流断续分析	降压斩波电路电流断续的工作原理及电流断续条件。 【互动交流】播放模拟直流电动机电流连续断续的现象。 【互动交流】发布抢答：对于直流电动机来说，电流断续有什么危害？ 【互动交流】发布主题讨论：降压斩波电路负载电流连续断续情况与哪些因素有关？	使学生能够直观地认识电流断续的危害，掌握电流断续的条件。	10分钟
	9.应用举例	降压斩波电路定量计算举例及降压斩波电路在实际中的应用。	使学生学以致用，了解必须进行断续连续判别才能进行相关计算。	6分钟
	10.总结	总结本堂内容。 【互动交流】发布问卷：你还有哪些不明白的地方？	通过问卷调查的方式，了解学生掌握的情况。	4分钟
	11.作业	书本作业及课后复习作业。 【互动交流】发布课后复习和课前预习任务，要求学生在时间节点前完成，同组同学互相监督、评分。	使学生能够将更多的时间用于本课程的学习。	2分钟

（三）教学过程

1. 签到（1分钟）

教学目的：掌握学生出勤情况，现场签到。

教学方法：通过APP发布"签到"活动，选择手势签到。

教学效果：真实有效地反映学生出勤情况，避免了代签名或代答到现象的发生，签到效率高、效果好。

2. 课前预习反馈（2分钟）

课前预习为智慧课堂的第一环节，主要包括电子书、PPT、预习测试、预习讨论几个方面。预习效果的反馈，表明教师重视预习环节，也可提高学生对预习环节的重视程度。同时，预习环节中学生存在的普遍性问题，可在此处提出，学生在课堂学习中能够带着问题学习，学生的学习热情被激发。对于预习环节不够重视的学生，可以采取相应措施，督促学生进行课前学习。

教学目的： 反馈学生课前预习情况，督促预习任务完成不好的同学合理安排时间完成预习任务。

教学方法： 将课前任务完成的情况截图并对其进行分析。课前任务包括预习讨论、预习测验等。

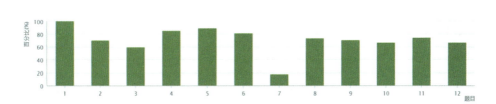

教学效果：课前预习为学生课余时间的自主学习，学生在课前预习中的预习讨论区内提出预习过程中遇到的问题，教师可及时总结问题，有针对性地进行讲解。APP 根据预习测试题错误点的分布情况，分析出错率最高的题目，教师可在授课过程中作重点讲解。

3. 引言（7分钟）

借助相关动画，带领学生复习直流电动机的转动原理，提出思考性问题——如何进行直流电动机的转速调节，通过分享学生接触到的直流电机调速小案例，引入本次课程内容。这种通过"网络资源＋学习案例＋其他课程相关知识"的教学环节设计，既可以让学生认识到本次授课内容中实际的控制对象，所学知识与日常学习相关，学生更容易接受本次授课内容，又可引导学生在学习过程中进行跨课程思考，培养学生综合思维能力。

教学目的：直流电动机速度调节原理回顾及直流电动机转速调节案例分享，使学生更容易理解学习的内容，并产生共鸣。

教学方法：

（1）直流电动机转动原理回顾

通过布置课前分组任务，要求学生回顾直流电动机转动原理。课堂播放直流电动机转动原理动画，发布抢答题——"直流电动机调速方法"。

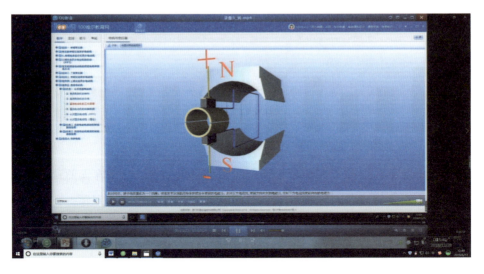

（2）观看电动机调速视频，加深对电动机调速方法的理解

课前分组任务中，有部分同学上传了电动机调速的视频，选取两个视频与学生进行交流。一个视频是学生自制的其他课程的实验，可编程控制器控制直流电动机转速的实验，学生均有体验，容易理解，可引起共鸣。另一个视频是学生在网络上下载的用专用的电机驱动模块实现电动机的转速调节实验，可扩展学生的思路。上述两个视频采用的电动机转速调节方法本质上均是通过调节电动机两端电压大小来实现电动机的转速调节。

PWM 直流电机无级调速控制演示

PLC 控制直流电动机转速

（3）引入直流斩波电路的概念

通过呈现直流电动机调节电压大小从而调节转速的实验，引出电力电子技术中的另外一种变流电路——直流斩波电路。该电路也是可以调压的，即也是可以进行直流电动机调速的。

简单介绍直流斩波电路的分类，并设置悬念：今天要学习的到底是哪种斩波电路？

带着问题去学习，往往可以给学生留下深刻的印象。由于直流斩波电路的种类很多，且电路结构相近，因此在此处留下悬念：并不指明本次授课的直流斩波电路具体为哪种斩波电路。通过课程的一步一步讲解，让学生自己得出结论，以加深学生的印象，提升教学效果。

教学效果：学生对于直流电动机的调速进行了回顾，且与日常学习联系起来，更容易地理解和接受直流斩波电路的概念。

4. 回顾（4分钟）

教学目的：回顾今天要学习的电路中使用的开关器件的开关条件。

教学方法：直流斩波电路中非常关键的一种器件是开关器件。本次课程使用的开关器件是 IGBT，学生只有明确 IGBT 作为开关器件导通的条件和截止的条件，才能正确分析电路工作原理。首先给出 IGBT 的电路符号，然后发布抢答题，讨论 IGBT 导通和截止的条件，并做出评价与总结。

教学效果：回顾本次课程中的关键知识点，使学生更容易完成后续原理分析的学习。

5. 降压斩波电路结构（2分钟）

教学目的：使学生记住降压斩波电路的结构，能够将其与别的斩波电路进行区分。

教学方法：电路结构包括直流电源、直流电动机模型、开关器件三个部分。未给出电路的具体名称，让学生带着问题学习。

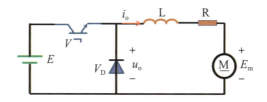

教学效果：结构分块讲解，学生更容易记忆，也更容易与后续其他斩波电路进行区分。

6. 降压斩波电路电流连续工作原理（5分钟）

教学目的：使学生能够真正理解降压斩波电路电流连续工作的原理。

教学方法：直流电动机在实际工作中通常是电流连续的，因此首先分析电流连续时的工作原理，分为IGBT开通和关断两个时间段讨论。

首先申明控制信号是周期性变化的，一个控制周期为 T，开通时间为 t_{on}，关断时间为 t_{off}。

$t=0$ 时刻驱动 V 导通，电源 E 向负载供电，负载电压 $u_o = E$，负载电流 i_o

呈指数曲线上升，构成回路如下图所示。

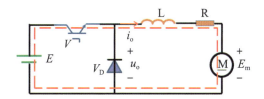

$t = t_{off}$ 时控制 V 关断，二极管 V_D 续流，负载电压 u_o 近似零，负载电流呈指数曲线下降，构成回路如下图所示。

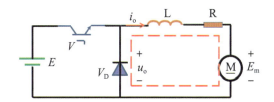

波形图如下图所示。

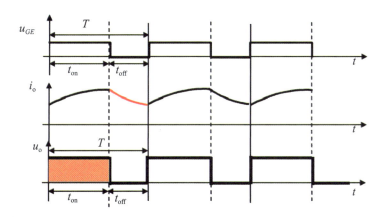

教学效果：工作原理按步骤讲解，逻辑严谨，学生更容易理解和接受。

7. 降压斩波电路电流连续定量计算（8分钟）

教学目的：使学生掌握降压斩波电路电流连续时，如何计算负载电压电流的定量。

教学方法：由于得到的输出电压波形是周期性变化的，因此可以以一个周期的平均值衡量输出电压的大小。

①负载电压：

$$U_o = \frac{t_{on}}{t_{on}+t_{off}} E = \frac{t_{on}}{T} E = \alpha E$$

在 APP 上发布选人任务：降压斩波电路电源电压与输出电压什么关系？

占空比小于 1，故 $U_o < E$

由此得出本次讲解的电路为降压斩波电路。

② 负载电流平均值：

$$I_o = \frac{U_o - E_m}{R}$$

③ 斩波电路三种控制方式：

T 不变，变 t_{on}——脉冲宽度调制（PWM）。

t_{on} 不变，变 T——频率调制。

t_{on} 和 T 都可调，改变占空比——混合型。

在 APP 上发布抢答题：可以采用哪些方法改变降压斩波电路的输出电压？

教学效果： 使学生对降压斩波电路认识深刻，对降压由来理解得更清晰，对调压方法掌握得更牢固。

8. 降压斩波电路电流断续分析（10分钟）

① 电流断续工作原理

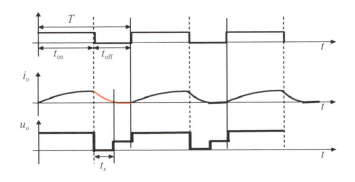

降压斩波电路电流断续的工作波形如上图所示。

$t=0$ 时刻驱动 V 导通，电源 E 向负载供电，负载电压 $U_o=E$，负载电流 i_o 呈指数曲线上升。

$t=t_{on}$ 时控制 V 关断，二极管 V_D 续流，负载电压 U_o 近似零，负载电流呈指数曲线下降。

电流降为 0，$u_o=E_m$

播放模拟直流电动机电流连续断续的现象视频。

在 APP 上发布抢答题：对于直流电动机来说，电流断续有什么危害？

107

② 电流断续条件

V 处于通态，设电流为 i_1，电流初值为 I_{10}，

$$L\frac{di_1}{dt} + Ri_1 + E_m = E$$

$$i_1 = I_{10}e^{-\frac{t}{\tau}} + \frac{E-E_m}{R}(1-e^{-\frac{t}{\tau}})$$

V 处于断态，设电流为 i_2，电流初值为 I_{20}，

$$L\frac{di_2}{dt} + Ri_2 + E_m = 0$$

$$i_2 = I_{20}e^{-\frac{t-t_{on}}{\tau}} - \frac{E_m}{R}(1-e^{-\frac{t-t_{on}}{\tau}})$$

负载电流连续的情况（L 值足够大）：

$$I_{10} = i_2(T) = \left(\frac{e^{\alpha\rho}-1}{e^{\rho}-1} - m\right)\frac{E}{R}$$

$$I_{20} = i_1(t_1) = \left(\frac{1-e^{-\alpha\rho}}{1-e^{-\rho}} - m\right)\frac{E}{R}$$

负载电流断续的情况：

$I_{10} = 0$，且 $t = t_x$ 时，$i_2 = 0 \longrightarrow t_x = \tau ln\left[\dfrac{1-(1-m)e^{-\alpha\rho}}{m}\right]$

$\downarrow t_x < t_{off}$

$$m > \frac{e^{\alpha\rho}-1}{e^{\rho}-1}$$

$\rho = T/\tau$ T——开关周期

$m = E_m/E$ E_m——电动机电动势

$\tau = L/R$ E——直流电源电压

教学效果：结合电流断续的现象，让学生了解电流断续的原理及条件，

使学生更容易理解电路设计时设计参数的重要性。

9. 应用举例（6分钟）

教学目的： 使学生学以致用，了解必须进行断续连续判别，才能进行相关计算。

教学方法： 常规举例 + 应用的图片举例。

例：降压斩波电路中，已知：$E=100\text{V}, L=1\text{mH}, R=0.5\Omega, E_m=10\text{V}$，采用脉宽调制控制方式，$T=20\mu\text{s}$，当 $t_{on}=5\mu\text{s}$ 时，计算输出电压平均值 U_O，输出电流平均值 I_O。

解：首先判断电流是否连续

$$m = \frac{E_m}{E} = \frac{10}{100}$$
$$= 0.1$$

$$\tau = \frac{L}{R} = \frac{0.001}{0.5}$$
$$= 0.002\text{s} = 2000\mu\text{s}$$

$$\rho = \frac{T}{\tau} = \frac{20}{2000} = 0.01$$

$$T = \frac{t_{on}}{T} = \frac{5}{20} = 0.25$$

$$\frac{e^{\alpha\rho}-1}{e^{\rho}-1} = 0.249 > 0.1$$

所以电流连续。

然后利用定量计算公式进行定量计算。

$$U_o = \alpha E = 0.25 \times 100$$
$$= 25\text{V}$$

$$I_o = \frac{U_o - E_m}{R} = \frac{25-10}{0.5}$$
$$= 30\text{A}$$

② 实际生活中的其他应用：新能源汽车、电子设备、学科竞赛（智能车、机器人等）。

10. 总结（4分钟）

教学目的： 对本节课的内容进行总结，了解学生的掌握情况。

在 APP 上发布主题讨论：降压斩波电路负载电流连续断续情况与哪些因素有关？

在 APP 上发布问卷：你还有哪些不明白的地方？

由于课程知识比较晦涩，教师需及时掌握学生的学习情况，以此合理安排课后答疑及课堂统一讲解。借助于 APP 发布问卷、主题讨论的方式，可方便了解学生的学习情况。

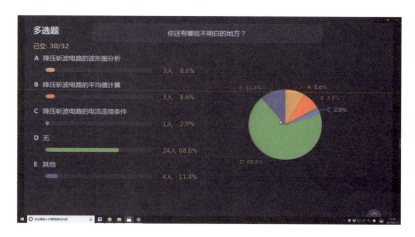

教学效果： 了解学生对所学知识的掌握情况，后面可及时对学生进行有针对性的辅导。

11. 作业（2分钟）

教学目的： 布置书本作业及课后复习作业。

教学方法： 发布课后复习和课前预习任务，要求学生在时间节点前完成，同组同学互相监督、评分。

教学效果： 使学生能够将更多的时间用于本课程的学习。

复习管理包括重要知识点的回顾、复习讨论等，可有效加强学生的课后学习与交流，促进学生对于知识点的消化和吸收。

（四）教学反馈

1. 学生学习反馈

以安徽新华学院电子通信工程学院电气工程及其自动化专业的学生作为试点对象，与学生在课前、课中和课后三个环节进行了充分的互动和交流，运用了全新的移动教学模式。

在课前学习中，通过 APP 分组任务，学生分组预习新课内容，加强了学生在学习过程中的交流，同时，互评亦起到互相督促的作用。每次预习任务中的预习试题，学生必须翻书才能找到正确答案，学生普遍反映课下看书的次数多了。

课中授课互动环节的设置，充分调动了学生上课的积极性，更多的学生参与课堂学习，学生的上课积极性空前高涨。

课后发布视频、课程总结使学生能够重温课堂教学内容，并解决课堂教学中遗留的问题。通过交流，教师和学生加强了沟通，教师可及时解决学生的困惑，为其答疑解惑提供了新的平台。

授课结束后，在两个班级进行了问卷调查，结果如下图所示。

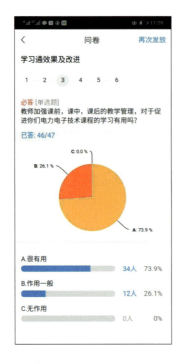 

2. 教师教学心得

（1）智慧教学模式的探索

电力电子技术课程为安徽省 2017 年立项的智慧课堂试点项目。在本次教学大赛的准备过程中，结合移动教学软件，不断摸索智慧教学模式，将智慧教学融于课程授课过程中。

在本门课程智慧授课体系的建设过程中，智慧课堂教学创新大赛起到了促进作用。本课程的智慧授课体系几经修改，最终确定为课前预习＋课中授课＋课后复习及扩展学习三个环节。

课前预习和课后复习均在每次课程结束后通过分组任务的方式布置，并发布通知，班级随机分组，要求学生完成本次课程的复习和下次课程的预习，并上传完成凭证，组内上传任务截图，组内互评打分，互相督促学习。同时设置截止时间（一般为下次课前一晚 12:00 前），以保证预习和复习的有效和高效。课前课后均有讨论话题，以加强师生交流。

课中授课在每次授课之前需设计好互动环节，以保证互动的流畅性，并达到互动的目的，提高学生的课堂参与度。学生课下看书的时间多了，利用手机学习的时间多了，教学效果有了明显的提升。以降压斩波电路授课内容为例详细介绍具体过程。

"课前预习"由 APP 发布，主要要求学生完成电子书阅读、PPT 学习、预习试题测验，并在讨论区留言，讨论与本次课程相关的知识，也可记录下学习过程中存在的问题。同时，也会在某些章节发布一些课前分组任务，要求学生回顾、思考生活中或学习中接触过的与课程相关的问题，有能力的同学可制作小视频，供大家交流学习。"课中授课"主要思路是预先设计好授课过程中的互动环节，然后在授课过程中合理应用这些互动环节，提高学生的课堂参与度，提升教学效果。

"课后环节"主要完成视频学习、复习试题学习、可参与扩展阅读、相关论文的学习，也可在讨论区留出尚未解决的问题，也可发布话题，加强师生在课后的交流。

（2）移动教学模式让教师受益颇多

在移动学习平台的支持下，教师构建基于学习通 APP 的移动教学模式，通过课前、课中、课后三个环节的紧密配合，制订了混合式翻转课堂实施方案，并取得了阶段性的成果，智慧课程建设初见成效。

在实际教学过程中，手机签到节省了课堂点名时间；教师在课前推送教学内容和资料，学生可以自主学习，给学生预习提供了途径；在授课过程中，教师的讲解与 APP 各种活动的配合，使得课堂气氛比传统教学模式下的课堂气氛更加活跃，学生的积极性非常高；教师可以根据教学内容，增加随堂的测试题目，一方面可以随时检测学生对所学知识的掌握情况，另一方面客观题评阅可以自动进行，节省了教师的评阅时间；课后，教师可以通过 APP 发布作业，作业的形式多样，学生提交作业后教师可以利用碎片时间在手机中批阅（客观题自动批阅，不需要手动操作），充分利用了时间，由于不需要提交纸质版的作业，因此避免了资源的浪费。教师在课后可以发布讨论活动，了解学生对知识的掌握情况、对课堂教学的意见和建议等。教师可以通过统计中的成绩管理来客观评价学生的表现，而且成绩管理中各个项目所占的比重教师可以自行更改，非常人性化。APP 的使用切实拉近了师生间的距离，师生的互动从课堂拓展到课下，师生关系更加融洽。

（五）专家点评

在很多理工科专业课程教学中，相关理论部分的教学一直是教师非常头痛的难题，原因在于理论分析通常是单调而枯燥的，这往往会让课堂氛围显得沉闷。有研究发现，很多理工科学生厌学和掉队的一个主要原因就是跟不上课程理论学习部分。

近年来，信息技术辅助教学手段的增多，特别是智慧课堂教学环境的出现，让我们看到了破解该难题的希望。苏巧平老师基于智慧课堂的教学设计，为我们破解这类难题提供了一个鲜活的案例，其核心方法就是创造条件让学生参与教学过程。苏老师的教学实践表明，当学生积极参与到教学过程中时，教学效果往往不会太差。相关的教学评价也显示，学生因为参与其中，所以对枯燥的理论学习、态度也会发生积极的改变，教学效果自然也就有了保障。

从苏老师的教学来看，学生的参与是全方位的，教学效果是非常好的，是值得我们学习和借鉴的。

就教学进程而言，在苏老师的教学过程中，学生不仅有课前参与，还有课中参与和课后参与。学习科学的研究表明，听来的知识忘得快，看到的知识记忆时间短，动手做才能真正学得好。在苏老师的积极引导和有效设计下，学生的课前参与和课后参与增加学生的有效学习时间，课中参与提高学生学习积极性。学生以良好的状态参与学习，学习热情就会提高，学习效果就会提升。

就教学设计而言，在苏老师的教学中，学生参与的形式有体验知识的自己动手参与，有感受知识的相互交流参与，有发现知识的知识运用参与，有创造知识的知识探究参与。当学生参与教学进程时，在某些阶段他们会以教师的身份向学生解释原理和理论的运用，在某些阶段会以研究者的身份探究知识的来源、发展与应用。在整个参与过程中，学生的思维是活跃的，态度是积极的，感受是幸福的，人格是健全的，影响是长远的。

就教学过程而言，在苏老师的教学中，学生的左右脑始终处于一种交互参与的状态。人脑在这种交互参与的状态下，通常学习效率最高。神经生物学的研究表明，人类左右脑的思维功能是不同的，左脑是理性脑，一般倾向于逻辑思维方式；右脑是感性脑，一般倾向于艺术思维方式。当长时间处于左脑或者右脑单脑思维时，人脑的一半就会因为无事可做而走神，另一半也会因始终处于工作状态而烦躁，工作效率也就不会高。在教学过程中让学生的左右脑始终处于轮换工作、交替思考的状态，教学就是有效的，教学设计就是成功的，在这方面苏老师的工作是值得赞赏的。

就教学评价而言，苏老师在教学中，充分发挥了智慧课堂环境评价手段多、评价结果准、评价反馈及时的优势，通过有效弥补措施让大部分学生实现学习目标。学生掌握了知识点，在后续以此知识点为基础的学习中就不会感到吃力。由于评价及时，学生知道自己有能力掌握复杂的理论知识，也会激发学生的学习兴趣，学习就会更加投入，这也有利于教学目标的实现。教师在教学过程中，要充分利用评价结果对教学效果进行不断改进，要将教、学、评、改形成一个持续改进的闭环系统。

当然，苏老师的教学设计也不是尽善尽美的，还有很大的提升空间，例如在互动技巧的应用、学生的参与积极性的激发、业界发展最新成果的运用、智慧教学环境强大功能的利用等方面都还需要加强，但其调动学生全员参与、全过程参与的教学理念和效果是值得肯定的。

★ 案例 8
指针与数组

殷凤梅、张江、马巍巍

▶ 授课教师：殷凤梅，张江，马巍巍
▶ 所在单位：合肥师范学院

殷凤梅，女，安徽肥东人，合肥师范学院教师，副教授，主要从事计算机相关课程教学工作，发表论文十多篇，曾获校级青年教师教学比赛二等奖，校级 136 人才中青年骨干教师，校级师德先进个人。

（一）课程背景

1. 课程名称

C 语言程序设计。

2. 参考教材

《C 语言程序设计实用教程》，胡玉娟，上海：同济大学出版社，2016 年。

3. 教学目标

知识目标：掌握指针访问一维数组元素的方法、掌握指针访问二维数组元素的方法。

能力目标：使用四种不同方法访问一维数组元素、运用二维数组遍历二维迷宫。

素质目标：培养学生编程、解决实际问题的能力、团队合作能力。

★ 案例 8 指针与数组

4. 教学方法

任务驱动教学法、"小老师"教学法、主题讨论法。

5. 教学工具

触屏教学一体机、学习通 APP、Dev-C++。

6. 教学内容及重难点分析

教学内容：指针与数组。

教学重点：一维数组元素的四种访问方法、一维数组元素地址的四种表示方法、二维数组元素的地址表示方法。

教学难点：二维数组元素的地址表示方法、二维数组元素的遍历算法。

（二）教学设计

教学环节	教学内容（师生活动）	教学目的	活动展示
复习巩固（2分钟）	1. 签到 教师：发布签到手势 学生：手机签到	快速考勤	签到手势：
	2. 课前测试 教师：投屏播放先序教学内容《指针与变量》测试题目、讲解学生做错的题目；课前完成学生测试的教学评价	检查学生对先序内容的学习掌握情况	投屏课前测试：
新知导入（2分钟）	1. 复习指针与变量的基本概念 2. 复习指针和一维数组的基本概念 3. 导入指针与一维数组的教学内容	通过指针与一个普通变量的存储关系，导入指针与一组数的存储关系	播放课件：

续表

教学环节	教学内容（师生活动）	教学目的	活动展示
新知讲解（19分钟）	一、指针与一维数组 1. 指针变量访问一维数组元素的方法 教师发布抢答：（1）数组元素相当于什么？（2）一维数组名相当于什么？ 学生统一抢答。 教师：对抢答环节进行教学评价。 2. 一维数组元素的四种访问方法 （教学重点） 按照知识点学习的先后顺序和逻辑关系，依次讲解四种方法。 	数组元素	下标法	地址法	指针变量法	指针变量下标法
---	---	---	---	---
第0个数组元素	a[0]	*(a+0)	*(p+0)	p[0]
第1个数组元素	a[1]	*(a+1)	*(p+1)	p[1]
第i个数组元素	a[i]	*(a+i)	*(p+i)	p[i] | 3. 一维数组元素地址的四种表示方法 （教学难点） 在数组元素四种访问方法的基础上，每列加上&，获得地址的四种表示方法。 | 数组元素地址	下标法	地址法	指针变量法	指针变量下标法
---	---	---	---	---
第0个数组元素的地址	&a[0]	a+0	p+0	&p[0]
第1个数组元素的地址	&a[1]	a+1	p+1	&p[1]
第i个数组元素的地址	&a[i]	a+i	p+i	&p[i]	 教师讲解注意事项：数组名a作为数组的首地址，是指针常量，其值不能被改变，因此++a、--a、a++、a--都是不允许的。但p是指针变量，因此++p、--p、p++、p--是允许的。	将指针访问一维数组的方法与指针访问变量的方法进行关联 方便学生理解和掌握一维数组元素的四种访问方法 引导学生理解一维数组元素地址的四种表示方法	抢答：

续表

教学环节	教学内容（师生活动）	教学目的	活动展示
新知讲解（19分钟）	【例】下列程序是用下标法输出班级十名同学的《C语言程序设计》课程成绩，请将输出简单修改成地址法、指针变量法、指针变量下标法分别实现成绩的输出。 学生：在课堂上，通过平台提交作业。 教师：抽查学生作业完成情况，并在Dev-C++中编译运行，完成教学评价。课后对其他同学的作业完成情况进行教学评价。 **二、指针与二维数组** 二维数组元素的地址表示方法（**教学重难点**） "小老师"环节：王庆宇同学讲解 教师：总结重点 a[i]+j 为数组元素 a[i][j] 的指针	检查学生对"指针与一维数组"的掌握情况 培养学生的自学能力和上台展示能力 让学生理解二维数组元素地址的表示方法	学生提交作业： "小老师"环节：
项目实战（15分钟）	1. 观看视频：《登山赛游戏》	让学生学会用指针与二维数组解决实际问题	《登山赛游戏》：

教学环节	教学内容（师生活动）	教学目的	活动展示
项目实战（15分钟）	教师：发布主题讨论——《登山赛游戏》需要用到哪些知识点？ 学生：讨论回复。 2. 动画学习："走出二维迷宫" 总结走出二维迷宫的主要算法， 1. 迷宫初始化 2. 入队操作 ← 属于后续课程《数据结构》知识，教师提前编好这两个函数，让学生直接调用，在后续课程再展开讲解学习 3. 出队操作 ← 4. 遍历操作 3. 遍历操作 • 向下是否能走　教师讲解 • 向右是否能走 　　　　分组一讨论汇报 • 往下无路可走，向上返回一个坐标 　　　　分组二讨论汇报 • 往右无路可走，向左返回一个坐标 　　　　分组三讨论汇报 教师：任务驱动，发布分组讨论。 学生：自由选择分组并讨论汇报。	引导学生主动思考，汇总学生的解决方法。 引入主题：走出二维迷宫。 培养学生通过观看视频，总结解决方法的能力。 培养学生的团队合作能力。	主题讨论： 视频学习： 分组讨论：

续表

教学环节	教学内容（师生活动）	教学目的	活动展示
总结拓展（2分钟）	1. 归纳总结本次课程主要知识点 2. 课后实训：指针与二维数组实现二维迷宫（通过APP提交程序） 教师：在下次课之前，完成实训作业的教学评价。 3. 观看微课：指针与函数	梳理知识点，强调重难点	发布课后实训作业：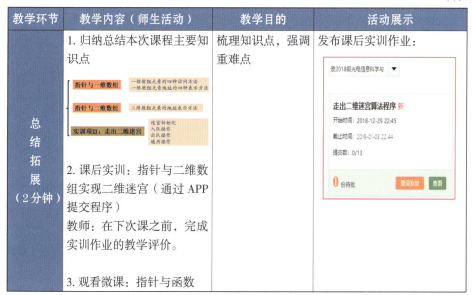

（三）教学过程

1. 签到

教学目的：掌握学生出勤情况，现场签到。

教学方法：通过 APP 发布"签到"活动，选择手势签到。

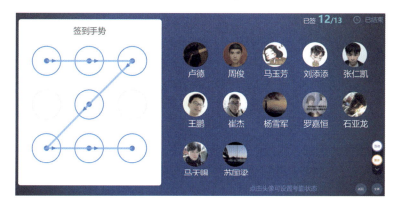

教学效果：真实有效地反映学生的出勤情况，避免代签名或代答到现象的发生，签到效率高，效果好。

2. 课前测试

教学目的：测试上节课的教学内容"指针与变量"，讲解学生做错的题目，巩固先序知识。

教学方法：在 APP 上发布"测验"活动，测试内容如下。

（1）选择题

有如下程序：

#include <stdio.h>

void main()

{

    int *p,x=100;

    p=&x;

    x=*p+10;

    printf ("%d\n" ,x);

}

程序运行后的输出结果是（　　　）。

A. 110　　　　　　B. 120　　　　　　C. 100　　　　　　D. 90

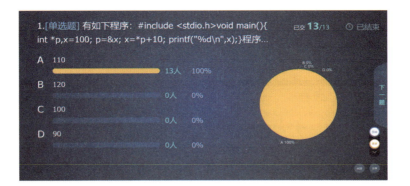

（2）选择题

#include <stdio.h>

void main()

{

    int i1=3,i2=5,m;

```
int *p1=&i1,*p2=&i2;
if(*p1>*p2)
    m= *p1;
else
    m=*p2;
printf("m=%d\n",m);
}
```

程序运行后的输出结果是（　　）。

A. 3　　　B. 5　　　C. *p1　　　D. *p2

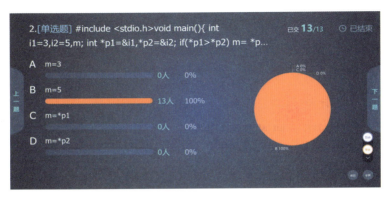

（3）判断题

可以正确定义指针变量如下：int i1,*p1=i1;　　（　　）。

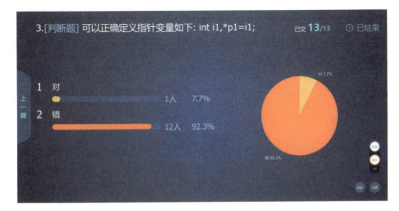

教学效果：测试题目难度适中，学生测试情况整体较好。课前测试不仅帮助学生复习和巩固先序知识，还帮助教师了解学生对先序知识的掌握情况。

3. 新知导入

教学目的：通过指针与一个普通变量的存储关系，导入指针与一组数的存储关系。

教学方法：（1）复习指针与变量的关系

- 指针与变量
- int a=5;
- int *p=&a;

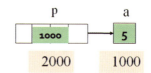

（2）导入指针与一维数组

- 指针与 ~~变量~~ 一维数组   相同类型的一组数
- ~~int a=5;~~ int a[5]={1,2,3,4,5};
- int *p=&a;

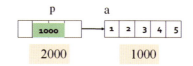

复习"指针与变量"的关系，让学生快速回忆"指针指向一个数"的方法，继而引导学生主动延伸"指针指向一组数"的方法。在复习总结中自然地引入新知识。

教学效果：通过复习指针与变量的关系，学生能够快速回忆通过指针间接访问变量的方法。再把一个变量拓展到一组数，即一维数组，把指针访问变量修改成指针访问一维数组。通过教师循序渐进的推理探知，学生可以轻松地理解各个知识点之间的内在联系。

4. 新知讲解

（1）指针与一维数组

教学目的：理解通过指针间接访问一维数组的方法，理解一维数组元素四种不同访问方法之间的内在联系。

教学方法：① 通过指针变量访问一维数组元素的方法

教师提问：数组元素相当于什么？一维数组名相当于什么？

教师发布"抢答"活动。

学生回答：数组元素相当于普通变量。一维数组名相当于地址常量。

教师：给予学生课堂积分奖励。

② 一维数组元素的四种访问方法（教学重点）

按照知识点学习的先后顺序和逻辑关系，依次讲解四种方法，方便学生理解和掌握一维数组元素的四种访问方法。

数组元素	下标法	指针变量下标法	指针变量法	地址法
第0个数组元素	a[0]	p[0]	*(p+0)	*(a+0)
第1个数组元素	a[1]	p[1]	*(p+1)	*(a+1)
第i个数组元素	a[i]	p[i]	*(p+i)	*(a+i)

③ 一维数组元素地址的四种表示方法（教学难点）

在数组元素四种访问方法的基础上，每列加上 &，获得地址的四种表示方法，引导学生理解一维数组元素地址的四种表示方法。

注意事项：数组名 a 作为数组的首地址，是指针常量，其值不能被改变，因此 ++a、--a、a++、a-- 都是不允许的。但 p 是指针变量，因此 ++p、--p、p++、p-- 是允许的。

数组元素地址	下标法	指针变量下标法	指针变量法	地址法
第0个数组元素的地址	&a[0]	&p[0]	p+0	a+0
第1个数组元素的地址	&a[1]	&p[1]	p+1	a+1
第i个数组元素的地址	&a[i]	&p[i]	p+i	a+i

④【例】下列程序是用下标法输出班级十名同学的"C语言程序设计"课程成绩，请将输出方式依次修改成用地址法、指针变量法、指针变量下标法输出对应课程成绩。

通过例题检查学生对"指针与一维数组"的掌握情况。

在例题中,教师通过下标法输出课程的成绩,让学生举一反三,使用其他三种方法输出课程成绩。例题是学生学习理论知识的桥梁、学习方法的探究和解题方法的示范,起到贯通知识、归纳方法、熟练技能、培养能力和发展思维的作用。

学生:在课堂上,通过平台提交作业。

教师:抽查学生作业完成情况,并在Dev-C++中编译运行,完成教学评价。课后对其他同学的作业完成情况进行教学评价。

教学评价是以教学目标为依据,以评促学、以学论教。教学评价的重点任务是以学生为本,关注过程,重视反馈和注重差异。教学评价一般要做到即时评价,包括师生评价和生生评价。教学评价可以有效调动学生学习的积极性和主动性。

教学效果:按照知识点学习的先后顺序和逻辑关系,先讲解一维数组元素的四种访问方法,然后在四种方法的每列加上&,获得一维数组元素地址的四种表示方法。通过讲解例题,让学生完成四种方法的程序实现,提交的程序均能运行通过,完成效果整体较好。

(2)指针与二维数组

教学目的:培养学生的自学能力和上台展示能力,让学生理解二维数组元素地址的表示方法。

教学方法:二维数组元素的地址的表示方法(教学重难点)。

"小老师"环节:王庆宇同学讲解。

★ 案例8
指针与数组

通过"小老师"环节实现翻转课堂。学生课前通过观看教学视频，自主总结知识，并在课堂上展示讲解。翻转课堂可以培养学生的自主学习能力，教师把课堂归还给学生，引导学生将知识融会贯通。在翻转课堂中，教师担任翻转课堂教学的策划者和组织者，学生讲课的倾听者和评价者以及课后任务的辅导者。

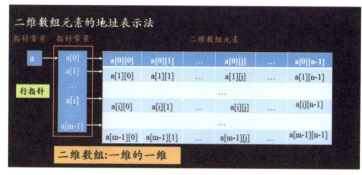

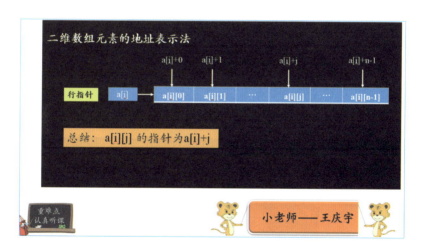

教师：总结重点 a[i]+j 为数组元素 a[i][j] 的指针。

教学效果："小老师"通过自主预习、理解二维数组元素地址的表示方法，并从学生的视角讲解知识，使其他同学更容易理解和接受。同时，"小老师"环节培养了学生的自学能力和上台展示能力。

5. 项目实战

（1）观看视频："登山赛游戏"

教学目的： 让学生学会用指针与二维数组解决实际问题。

教学方法： 教师播放视频"登山赛游戏"

发布讨论主题："登山赛游戏"需要用到哪些知识点？

学生：主动思考，回答主题讨论问题。

教学效果：通过"登山赛游戏"引出二维迷宫，学生很容易理解二维数组的应用，并积极主动地思考如何使用指针与二维数组走出二维迷宫。

（2）动画学习："走出二维迷宫"

教学目的：理解二维迷宫的走路规则，用指针与二维数组实现二维迷宫的遍历，从而引导学生使用指针与二维数组解决实际问题。

教学方法：教师播放动画"走出二维迷宫"，讲解走出二维迷宫的规则，把走出二维迷宫分成四个模块——迷宫初始化、入队、出队、遍历。

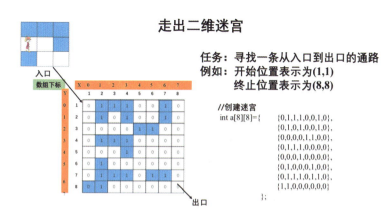

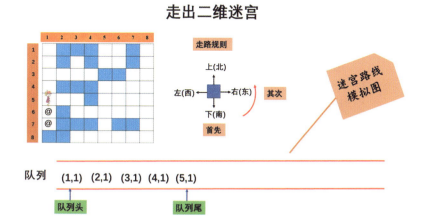

教师：提供入队和出队操作的函数，并讲解向下走的算法。

学生：调用入队和出队操作函数，分组实现向右、向上、向左走的算法。

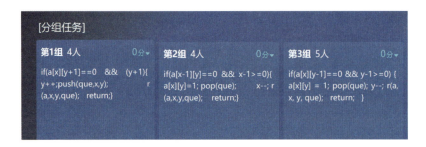

教学效果：通过观看动画演示，学生很快了解遍历二维迷宫的走路规则，并在教师讲解完向下走的算法后，举一反三，分组实现了向右、向上、向左走的算法。使用指针与二维数组走出二维迷宫，是本次课程的教学难点，学生自主分组解决难题，团队合作能力得到了很好的锻炼。

程序设计课程更加注重实践编程，通过项目实战培养学生利用理论知识解决实际问题的能力。同时培养学生的创新能力和团队合作能力。

6. 总结拓展

教学目的：梳理知识点，强调重难点。

教学方法：（1）归纳总结本次课主要知识点

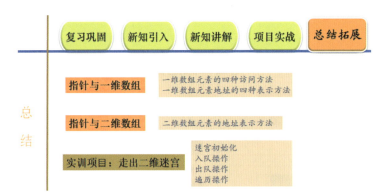

（2）课后实训

指针与二维数组实现二维迷宫（通过 APP 提交程序）。

教师：在下次课之前，完成实训作业的教学评价。

（3）观看微课

指针与函数

教学效果：通过总结和梳理，学生构建了指针与一维数组、二维数组的核心知识,并自行总结走出二维迷宫的关键步骤。

(四)教学反馈

1. 学生学习反馈

课堂互动情况如下图所示。

抢答

小老师

主题讨论

学生作业情况如下图所示。

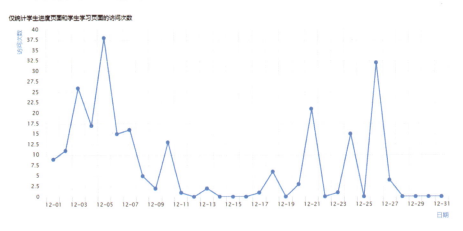

学生访问 APP 情况如下图所示。

学生已经习惯课前从平台上获取学习资源，进行微课预习、课前测试、课后作业等活动。一个学期下来，C 语言程序设计课程的访问量达到 5 万多次。

2. 教师教学心得

信息化教学是课堂教学的趋势，移动互联网和智能手机是信息化教学不可或缺的工具。C 语言程序设计课程借助超星泛雅教学平台辅助教学，在移动网络环境下，利用移动智能设备开展课堂内外即时反馈和互动教学。平台以教师创建的班群和班课空间为基础，为学生提供移动设备上的消息推送、作业、课件、视频和资料等服务。通过现代教学改革和信息化教学手段，实现本课程的线上、线下教学交互融合。

（1）线上依托泛雅平台，进行资源引入。借助于超星泛雅教学平台，开展签到、讨论、作业等互动教学过程，在此基础上，实现优质资源的共建共享。教师使用线上平台进行课前备课，通过 APP 进行资源的课前引用，并为学生智能推送教学资源，方便学生课前预习。

（2）根据学生的学习整体进展情况，形成学情分析报表和学习过程进展数据报告，推动教学理念、教学方法、教学技术、教学方式、教学模式的变革。

（3）基于迭代式课程改革，课前课中课后连贯一体、线上线下智慧互动、学校企业合作育人，智慧课堂教学打破了传统教学的时空限制，学生的学习热情高涨。C语言程序设计在2018光电信息科学与工程班中试点智慧课堂教学，一个学期课程结束之后，与另外三个传统教学班级比较，学生的平时成绩和期末成绩都名列前茅。

（五）专家点评

利用移动智能设备开展课堂内外即时反馈和互动教学，效果显著。借助超星泛雅教学平台，通过教学资源推送、作业、测试，方便学生自主学习和有效学习；通过抢答、主题讨论等教学手段，提高课堂教学的互动性。项目实战设计构思巧妙，观看视频"登山赛游戏""走出二维迷宫"教学环节的设计，在增强课堂教学内容趣味性的同时，激发学生的学习兴趣，提高学生学习参与性，有利于学生更好地学习和掌握指针使用与二维数组的应用。

案例 9
循环结构设计

尹 珠

- ▶ 授课教师：尹珠
- ▶ 所在单位：宿州学院

尹珠，女，安徽宿州人，宿州学院教师，主要从事计算机通信等相关课程教学工作，发表论文、专著和专利数十项。曾获校级青年教师大赛一等奖，安徽省智慧课堂教学创新大赛二等奖，安徽省第四届青年教师教学大赛三等奖。

（一）课程背景

1. 课程名称

C 语言程序设计。

2. 参考教材

《C 语言程序设计》，沈国荣，隋雪莉，闵芳，上海：上海交通大学出版社，2013 年。

3. 教学目标

知识目标：熟悉 C 语言控制结构中的循环结构设计用法；掌握循环结构程序设计三大循环语句的用法；掌握 for 循环语句和循环嵌套结构（for 循环的嵌套）的语法及运用 for 循环语句设计程序的方法。

技能目标：了解 C 程序设计中的循环控制结构；掌握 for 循环嵌套知识进行综合程序设计的方法。

素质目标：培养学生程序设计的能力和解决实际问题的能力。

思政目标：培养和锻炼学生进行综合程序设计的意识；以解决生活中的小案例为开端，激发学生的学习动力；树立实事求是、追求真理的价值观。

4. 教学方法和策略

以 OBE（成果导向）教育理念为指导，采用项目驱动教学法、启发式教学法、直播演示教学法等多种教学方法，结合多媒体、动画、直播演示、智慧课堂等多种现代化教学手段，激发学生的学习兴趣，提升教学效果。

5. 教学内容及重难点分析

（1）教学内容分析

"C 语言程序设计"课程是理工科、计算机类专业的基础课程，是体现应用型本科高校特点的重要课程之一，循环结构设计是"C 语言程序设计"课程重要的教学内容之一，在生活中被广泛应用。通过本节知识的学习，学生可以掌握循环结构设计中循环嵌套的概念、语法使用以及运用循环嵌套的方式进行综合程序设计，形成更丰富、更深刻的理论结合实际的认识，激发学生学习计算机等课程的兴趣，同时也培养学生探索科学的能力。

（2）教学重难点分析

① 教学重点及处理方法

重点：循环嵌套的使用。

处理：通过有趣的课程引入、个性化的主题讨论和理论结合实际的问题思考，结合 APP 互动的教学手段，最大限度地激发了学生的学习兴趣。尤其是在内容讲解时理论结合实际，以萌娃背"九九乘法表"为例，让学生更容易接受学习内容。

② 教学难点及处理方法

难点：运用循环嵌套进行综合程序设计。

处理：在循环结构设计章节中，循环结构基本语句有 while 循环、do...while 循环以及 for 循环，循环嵌套思想是将基本的循环语句升华，以 for 循环嵌套为基本点，将内层循环和外层循环含义及用法做重点讲解，降低学生对理论知识的理解难度，进而启发式综合设计打印"九九乘法表"简单直观化的代码演示，采用智慧课堂 APP 直播演示的教学方法，实时将学生操作的过程投影在大屏幕上，激发学生的学习热情，增强学生学习的互动性和趣味性。

案例 9
循环结构设计

（二）教学设计

教学环节		教学内容及设计	设计目的	时长
课程环节设计	1. 签到	通过学习通 APP 设置手势签到，进行实时签到，掌握学生的出勤情况。	将信息化技术与课堂教育相结合，大大提高了教学效率，节省了课前点名的时间。	1 分钟
	2. 作业核对	对通过 APP 发布的任务和测验进行讲解核对，更好地督促学生完成学习任务，便于教师了解学生对知识的掌握情况。 【互动交流】通过 APP 将学生的测验成绩数据投放到大屏幕上，有利于学生了解自己对知识的掌握情况，通过随机选人和抢答的方式开展翻转课堂活动，增强学生学习的积极性。	通过 APP 抽查学生作业完成度，讲解并核对作业，同时翻转课堂激发学生的学习热情。	5 分钟
	3. 知识回顾	回顾上节课学习的内容，即 while 循环和 do... while 循环的联系和区别，以及 for 循环的语法和作用，并将学生使用 APP 的数据投影在大屏幕上，让大家了解自己的学习分值以及需要加强的地方。 【互动交流】让学生一起回答相关概念和语法。	进入新课前的准备工作，对知识进行衔接。	1 分钟

137

续表

教学环节		教学内容及设计	设计目的	时长
课程环节设计	4.新课引入	通过小视频"萌娃背'九九乘法表'"的例子，引出循环结构设计的应用。	将实际生活的小案例引入课程知识讲解，激发学生的学习兴趣。	2分钟
	5.新课讲解	通过提出最终要实现的目标，引出知识讲解，分为四个部分， （1）循环结构设计 （2）循环的嵌套 （3）"九九乘法表"的设计 （4）课后拓展 【互动交流】提出基本的案例，让学生反思如何设计程序。 【课程思政】理论联系实际，将复杂的问题简单化处理。	学生对"九九乘法表"比较熟悉，但是并不知道如何利用循环嵌套的方式将其打印出来。将循环知识层层引入，对比之前的循环语句，便于学生理解。	2分钟
	6.课程内容	一、循环结构设计 1. 循环结构设计的流程，for循环知识 2. 使用APP进行投票互动，即判断for循环条件即圆括号外加分号的写法是否正确 3.课堂实时发布任务，锻炼学生的实际操作能力	通过讲解循环设计流程，回顾for循环的概念和用法，并投票测验学生对知识的掌握程度，提高学生参与教学的频次，激发其学习热情和积极性。	10分钟

案例 9
循环结构设计

续表

教学环节		教学内容及设计	设计目的	时长
课程环节设计		【互动交流】通过APP发起投票和讨论,移动课堂教授。 【课程思政】进一步巩固学生 for 循环知识,强调运用,为循环嵌套讲解做铺垫。		10 分钟
	7. 课程内容	二、循环的嵌套 1. 循环嵌套的概念 2. 循环嵌套的思路 3. 在 APP 上发起讨论——如何打印"九九乘法表",并通过"词云"功能提取核心词 【互动交流】在 APP 上发起讨论——如何打印"九九乘法表",提高学生的参与度。 【课程思政】知识学习—知识运用—知识升华。	通过讲解 for 循环引出循环嵌套的概念,进而分析循环嵌套的思路(内、外层循环的含义),为"九九乘法表"程序设计提供理论基础知识,最终实现"理论应用于生活"的目标,培养学生学以致用的能力。	10 分钟

续表

教学环节		教学内容及设计	设计目的	时长
课程环节设计	8. 课程内容	三、"九九乘法"的设计 以萌娃背"九九乘法表"的小视频，趣味性地引出循环嵌套知识运用的案例。 【互动交流】任务：运用 for 循环嵌套将"九九乘法表"打印出来。 直播：用手机直播学生实践操作代码效果。 【课程思政】强调 for 循环嵌套，内、外层循环的含义及使用方法，培养学生的动手操作能力。	通过学习和观看相关动画、PPT 等素材，让学生跟随教师的引导，试着运用 for 循环嵌套方式设计"九九乘法表"，并采取随机直播同学操作和翻转课堂的方式，激励表彰式教学。	5 分钟
	9. 课程内容	四、课后拓展 通过循环结构设计课程的讲解，以及训练的实例，将"九九乘法表"倒着打印出来，同时以实际生活中的"爱心图"打印作为拓展。	紧紧围绕知识，训练学生的代码程序设计操作能力，更有利于加深学生对知识的理解。	5 分钟
课程环节设计	10. 小结和作业任务	小结：总结本次课程的知识点，同时对所学知识进行检测，即通过 APP 发布作业任务，监督学生学习。 任务：运用 for 循环嵌套将爱心图绘制出来。	通过在 APP 上发布作业任务，同时设定限时提交的方式，让学生在课下巩固本次课程知识，加深记忆。同时，通过提交的数据，更好地查看学生的完成情况和掌握情况。	2 分钟

续表

	教学环节	教学内容及设计	设计目的	时长
课程环节设计				
		【课程思政】知识学习—能力提升—价值引领。		

（三）教学过程

1. 签到（1分钟）

通过APP手势签到方式进行实时签到，掌握学生的出勤情况。将信息化教育技术与课堂教育相结合，大大提高了教学效率，节省了课前点名的时间。

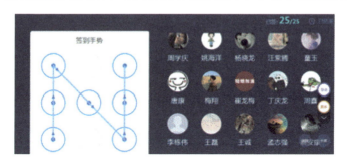

2. 作业核对（5分钟）

将课前作业投影到大屏幕上，避免了黑板板书，节省了时间，激发了学生的参与热情，并通过平台选人、抢答等方式请学生讲解自己对题目的解法。这种授课方式比传统的授课方式更加生动，避免了学生觉得乏味、老师陷入尴尬的情况的发生。

3. 知识回顾（1分钟）

带领学生回顾上节课学习的内容，即while循环和do...while循环的联系和区别，以及for循环的语法和作用。这是开始上新课前所做的准备工作，对知识进行衔接。

4. 新课引入（2分钟）

通过对for循环的回顾及讲解，引入循环的概念。根据教学要求及本章知识重点，对照目录让学生大致了解循环的概念，经历一个对新知识点的理解缓冲和吸收的过程。

5. 新课讲解（25分钟）

新课讲解，通过目录细分四个部分：①循环结构设计；②循环的嵌套；③"九九乘法表"的设计；④课后拓展。

首先综述循环结构设计的流程，引出 for 循环的基本结构用法，并对该知识点在 APP 上以投票"判断 for 循环条件即圆括号外加分号，该种写法对吗"的方式进行了发布（其中 68% 的学生选择该种说法是正确的，32% 的同学选择该种说法是错误的）。

对 for 循环知识点发布"测验"任务：简述 for 循环的用法，并用 for 循环写出 5! 的值。

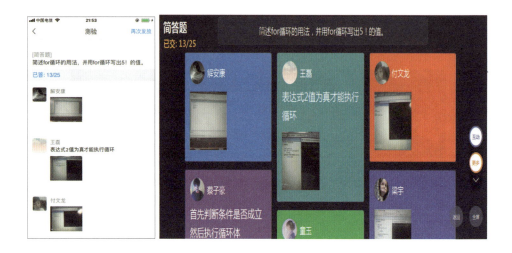

查看大家的提交情况后,以随机选人的方式,选取了汪紫腾同学来对她的测验提交方式进行讲解,最后发布"评分"任务,让大家对她讲解的情况,以及回答问题的细致情况进行评分。

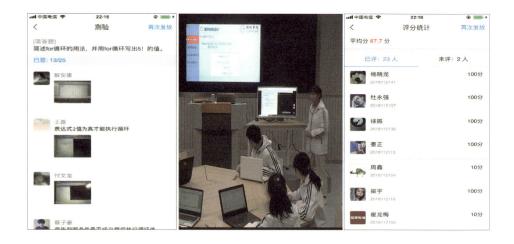

通过"萌娃背'九九乘法表'"的小视频,引出今天所讲的循环结构设计中的循环嵌套的知识。

案例 9
循环结构设计

提出问题：九九乘法表，你怎么把它用代码打印出来？通过 APP 发布"问卷"任务，让学生将自己的想法通过学习通移动教学的方式提交上来。通过查看其他同学的回答，让学生可以更好地去实现知识的融会贯通。

演示代码,让大家看到打印九九乘法表仅需短短三行核心代码就可以了。

(1)通过实例引出循环结构设计的核心循环嵌套;

(2)引出概念,使学生了解循环嵌套的概念,通过流程图解析循环嵌套的逻辑思路,再让学生思考理解实例代码;

(3)将九九乘法表作为实例,深入解析循环嵌套的性质。

利用 APP 与学生互动,在只讲解思路的前提下留给学生自由思考的时间,通过 APP 选人或抢答的方式让学生讲解自己的构造思路,这样能避免课堂的单调性,不仅能调动学生的积极性,还能活跃课堂氛围。在学生思考、讨论之后引入正确的代码,同样请正确完成的学生讲解代码思路,并且对学生代码的演示情况进行直播,设置回看,使学生可随时进行查看。

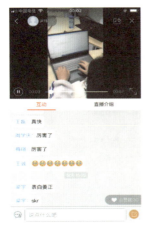

举一反三,发布分组任务,让学生打印倒三角"九九乘法表",根据同学的提交情况进行打分,并让钟先杰同学就自己打的效果图进行代码讲解。

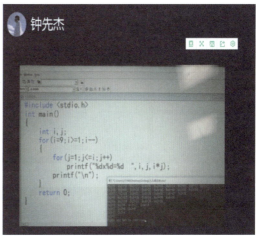

6. 课堂拓展（5分钟）

在代码给定，且学生已经掌握循环嵌套的知识之后，向学生发布新的任务，在原有的基础上对代码进行修改，使之呈现相反的形状界面。同样通过选人、抢答的方式请学生对自己的代码进行演示和讲解，留给学生充足的创作时间和空间，发散学生的思维，鼓励学生创新。对于心形效果的代码给予提示，让学生自主思考，进行拓展学习。

7. 小结和作业任务（2分钟）

总结课程，向学生布置课后练习，使用 for 循环嵌套设计出爱心图形界面并在 APP 上提交。这样做的主要目的是让学生在课下巩固本次课程的知识，加深对知识的记忆，同时鼓励学生发散自己的思维。

最后对本次课程的知识进行疏理，同时让学生对本节课进行评价，提醒大家注意提交发布的作业任务。

（四）教学反馈

1. 教师教学心得

从教一年多，能有幸在安徽省众多参赛教师中脱颖而出，成功进入决赛，我真的非常感恩。这场教学大赛，从10月的初赛到最终的决赛，历时四个多月，最终完成课程建设，整个教学过程充分实现了混合式教学。这不仅激发了学生的学习热情，而且让我对移动智慧课堂有了新的认识和体会。

这四个多月，通过构建网上教学资源，设置相关测试题目，课堂讨论，视频任务点以及翻转课堂的学生讲演直播，极大地增强了学生的学习积极性，让学生主动地走上讲台去表达，作为一名新教师，我很感谢网络学习平台，通过三端一体化实现了真正的移动智慧课程建设,在让学生受益的同时,也使教师和学生间的教学关系更为贴近,实现了知识传播的最大化。

比赛分为前期的课程积累、资源构建、学生学习的记录等,通过层层数据对比,最终来自安徽省应用型高校的 50 名教师入围,提交一节课的移动教学设计和课堂教学视频,冲刺决赛。我很幸运地进入了决赛,代表学校争夺冠军。

决赛最终以现场模拟课堂教学的方式进行,分为说课和课程教学两部分,限时 20 分钟,来自各高校的优秀教师在课堂构建和移动教学中表现出了非常高的教学水平,而我自己还有很多地方要学习和改进,今后我会将移动智慧课堂构建得更为成熟,同时与时俱进地加入创新元素去更好地激发学生想学知识、乐学知识的学习热情。这次比赛是我教学生涯的一个新的起点,未来我将继续努力,将混合式教学运用得更为灵活。我将不忘初心,将这份阳光下最灿烂的工作做得更好。

(五)专家点评

在本教学案例中,教师运用智慧教学工具对 C 语言课程的课堂教学进行了有益的实践。教师通过选人抢答的方式对课前作业进行讲解和分析,通过课堂投票、测验、学生互评、互动等多种教学方式和技术手段的运用激发学生的学习兴趣,提升学生的学习效果;同时教师授课与学生现场讲解反馈相结合,从而加强师生互动和生生互动,展现了一名新教师对于教学的投入和追求。本次课的不足之处在于部分教学设计不够合理,课堂气氛活跃度有待进一步提升,在智慧教学工具与课堂教学的有机融合方面需要进一步完善。

案例 10

计数、译码与显示电路

朱雪梅、计甜甜、王文明

▶ **授课教师：** 朱雪梅，计甜甜，王文明

▶ **所在单位：** 皖西学院

朱雪梅，女，安徽阜阳人，皖西学院教师，主要从事电子技术相关课程教学工作，发表论文数十篇，专利数十项，曾获校级讲课比赛一等奖，校级教坛新秀称号。

（一）课程背景

1. 课程名称

基础电子实验。

2. 参考教材

《电工与电子技术实验》，姚有峰，合肥：中国科学技术大学出版社，2013 年。

3. 教学目标

知识目标： 熟悉七段数码管、计数器和译码器的结构；掌握计数、译码与显示电路各组成器件的功能和使用方法。

技能目标： 了解数字电路系统的设计；掌握计数、译码与显示电路综合小系统的设计。

素质目标： 培养学生设计电路的能力、动手组装电路的能力和解决实际问题的能力。

思政目标：培养实验操作规范意识、安全意识；以中兴"缺芯事件"为鉴，激发学生的学习动力；树立实事求是、追求真理的科学价值观。

4. 教学方法和策略

以 OBE（成果导向）教育理念为指导，采用项目驱动教学法、启发式教学法、直播演示教学法等多种教学方法，结合动画、直播演示、智慧课堂等多种现代化教学手段激发学生的学习兴趣，提升教学效果。

5. 教学内容及重难点分析

（1）实验内容分析

"基础电子实验"课程是体现应用型本科高校特点的重要课程之一，计数、译码与显示电路是"基础电子实验"课程重要的教学内容，体现了电路与电子技术在生活中的广泛应用。通过本内容的学习，学生可以掌握七段数码管、译码器和计数器的结构和使用方法，形成更丰富、更深刻的理论结合实际的认识，激发学生学习与电子相关课程的兴趣，同时培养学生探索科学的能力。

（2）教学重难点分析

① 教学重点及处理方法

重点：译码器和计数器的使用。

处理：通过有趣的课程引入、个性化的主题讨论和理论结合实际的问题思考，结合 APP 互动的教学手段，最大限度地激发学生的学习兴趣。尤其是在内容讲解时理论结合实际，始终以数字"5"为例，让学生更容易理解和接受学习内容。

② 教学难点及处理方法

难点：计数、译码与显示电路综合系统的设计。

处理：在实验内容中，实验电路框图和流程的设计将复杂抽象的系统设计简单化、直观化，采用智慧课堂 APP 的直播演示教学方法，直播实验箱的使用和电路连接给学生观看，降低学生对理论知识难点的理解难度。

（二）教学设计

	教学环节	教学内容及设计	设计目的	时长
课程环节设计	1. 签到	通过APP发布"签到活动"，选择手势签到	掌握学生出勤情况	0.5分钟
	2. 预习测验	通过发布测验题的方式，了解和掌握学生对之前实验的学习情况和本次实验的课前预习情况。 【互动交流】测验：本次实验用的芯片有哪些？	检查学生通过APP等途径对本次实验的课前预习情况	1.5分钟
	3. 课程引入	用减计数动图启发学生思考其在现实生活中的应用，并通过APP"抢答"的方式让学生回答出其应用，进一步引出计数、译码与显示电路的设计题目。（以数字"5"为例） **05** 【互动交流】抢答：PPT展示的计数显示方式在生活中有哪些应用？	生动的课程引入激发了学生的求知欲望，引发了学生的思考，同时活跃了课堂气氛，体现了理论结合实际的教学理念。	1.5分钟
	4. 项目分析	采用项目驱动法，提出电路设计要求，把复杂的项目分解成四个小项目。 【互动交流】项目驱动：提出计数、译码与显示电路的设计要求，电路该如何设计？ 【课程思政】理论联系实际，将复杂的问题简单化处理。	学生对于日常生活中常见的减计数的应用比较熟悉，但是并不知道电路的工作原理。将复杂的实验项目分解成四个小项目，有助于学生理解。	2分钟
	5. 项目一：如何显示数字？	提出如何显示数字的问题，启发学生思考并回答生活中的显示器有哪些，引入七段数码管的知识。	由生活中常见的显示器引入七段数码管，结合所学的发光二极管的知识讲解七段数码管的结构和工作原理，体现了"理论应用于生活"的理念，培养了学生学以致用的能力。	10分钟

案例 10
计数、译码与显示电路

续表

教学环节	教学内容及设计	设计目的	时长
	【互动交流】选人：对于共阴极和共阳极七段数码管，数字"5"的显示代码分别是多少？ 【项目驱动】项目一的解决办法：七段数码管。 【直播演示】直播：使用 APP 演示七段数码管的使用。		
课程环节设计 6. 项目二：BCD 码如何转换成数字显示？	通过生活中外语到中文的翻译过程引入译码器，介绍译码器的引脚图和功能表。 【互动交流】主题讨论：你对中兴"缺芯事件"有何感想？为了"中国制造""中国芯"，大家该怎么做？ 【项目驱动】项目二的解决办法：译码器（74LS48 芯片）。 【课程思政】由中兴"缺芯事件"，启发学生关心和思考专业前景问题，激发学生的学习动力和爱国情感。	通过生活中外语到中文的翻译过程引入译码器，生动形象的解释了 BCD 码如何转换成数字显示的原理，引入译码器。通过中兴"缺芯事件"引导学生思考：为了"中国制造"我能做什么？激发学生的学习动力和爱国热情。	9.5 分钟

续表

教学环节		教学内容及设计	设计目的	时长
课程环节设计	7. 项目三：如何实现加、减计数？项目四：如何从某个数字开始数？	介绍计数器——CD40192芯片的引脚图和功能表。 【互动交流】抢答：项目三是怎么解决的？项目四是怎么解决的？ 【项目驱动】项目三、四的解决办法：计数器（CD40192芯片）。 【课程思政】强调规范的芯片使用方法，培养学生工程实践意识。	通过学习和观看相关动画、PPT等素材，让学生跟随教师的引导、分析得出相关结论，并利用这些结论和老师一起对之前的问题进行分析和解答。	5分钟
	8. 实验内容	结合实验项目分析和电路框图，进一步得出电路设计结构，启发学生思考电路系统设计。通过智慧课堂即用手机直播实验箱结构和操作的手段，直观地向学生讲解。 【互动交流】直播：用手机直播实验箱结构和操作。 【课程思政】树立实事求是、追求真理的科学价值观。 【直播演示】使用APP直播演示实验箱的使用。	先介绍电路的组成部分，再介绍整个电路设计框图，由已学知识到未学知识，由浅入深，符合学生的认知规律。	5分钟
	9. 实验要求	根据各元件功能搭建计数、译码和显示电路，并测试电路功能。 【互动交流】分组任务：分组完成实验内容，并上传实验结果电路图。 【项目驱动】根据实验内容，完成实验项目。 【课程思政】强调实验操作流程，建立实验操作规范意识、安全意识。	给出具体的实验要求，让学生更容易完成电路设计。尤其是要强调注意事项，防止学生烧坏芯片或者出现电路连接错误。	2分钟

续表

教学环节	教学内容及设计	设计目的	时长
课程环节设计 10.实验小结和思考	实验小结：总结本次实验，并提出思考题。 实验思考：参考一位数字的计数、译码与显示电路案例，该如何设计两位数字的计数、译码与显示电路？ 【互动交流】主题讨论：讨论在实验过程中遇到的问题及其解决办法。 【互动交流】问卷调查：本次实验的难度。 【课程思政】知识学习—能力提升—价值引领。	让学生知道通过本项目，学生能获得哪些方面的提升。调查学生学习情况和对本次实验项目的意见和建议。	3分钟

（三）教学过程

1. 签到（0.5 分钟）

教学目的： 掌握学生出勤情况，现场签到。

教学方法： 通过 APP 发布"签到"活动，选择手势签到。

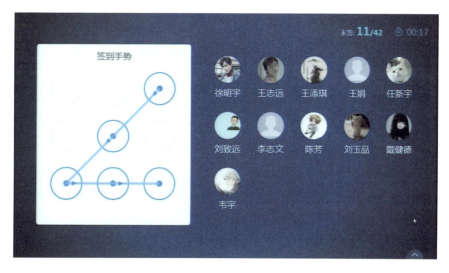

教学效果： 真实有效地反映学生出勤情况，避免了代签名或代答到现象的出现，签到效率高，效果好。

2. 预习测验（1.5 分钟）

教学目的： 在学生学习本次实验课程之前，在 APP 上预习本次实验的内容，并撰写预习报告。在正式上课之前对学生的预习情况进行测验，掌握学生的预习情况，从而根据具体预习情况更好地进行教学过程的把控。

教学方法： 在学习通 APP 上发布"测验"活动。

多选题：本次实验用到的芯片有（　　）。

A. 74LS00　　　　B. 74LS74　　　　C. 74LS48　　　　D. CD40192

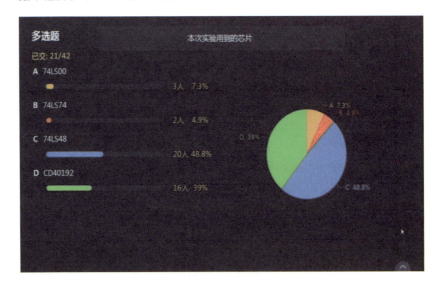

教学效果： 测验所提出的问题难度适中，选项 A 和选项 B 的芯片在之前的实验中学过，不仅测试了学生的预习情况，而且复习巩固了之前所学的内容。学生回答正确率较高，能有效地反映预习效果。

3. 课程引入（1.5 分钟）

教学目的： 理论和实际相结合，以生活中生动形象的实际应用引入本次课程的内容，不仅能引发学生的学习兴趣，还能激发学生学习专业课的热情。

教学方法： （1）结合实际，示例生动

以生动形象的数字动图为例,引发学生联想生活中的场景,引导学生思考本次实验的原理,践行了OBE(成果导向)教育理念。激发学生的学习兴趣,让学生思考:电路该如何设计?

(2)抢答活动,活跃气氛

在学生看到PPT上展示的数字动图时,提出问题:PPT上的计数和显示方式在生活中有哪些应用?并通过APP发布"抢答"活动,活跃课堂气氛。

教学效果:数字动图生动形象,学生能很容易地想到其在生活中的应用;"抢答"的方式既能让学生很好地展示自己,活跃课堂氛围,又能加深学生的印象,教学效果较好。

4.项目分析(2分钟)

教学目的:本次实验项目较难,通过对实验项目的分析,降低难度,进一步攻克重难点。

教学方法：实验项目内容是设计一位 BCD 码－十进制计数、译码与显示电路，实现加减计数切换、预置起始计数和清零等功能。通过对实验项目进行分析，将实验项目分解成两部分：电路和功能。进而将这两个部分分别分解成几个小模块，整理之后得出本次实验的子项目。将这些子项目完成之后，整个实验也就完成了。

教学效果：化繁为简，项目驱动，提出本次实验的几个关键点。降低难度，抓住重点，激发学生的学习兴趣和信心。

5. **项目一：如何显示数字？（10 分钟）**

教学目的：使用项目驱动法，从学生最熟悉的内容开始教学，用具体的项目驱动学生解决如何显示数字的问题。

教学方法：（1）提出如何显示数字的问题，引发学生思考答案。

让学生思考生活中常见的显示器有哪些。通过 APP"选人"活动的摇一摇方式让学生回答问题。

（2）总结学生的回答和生活中常见的显示器

生活中常见的显示器有手机、电脑的显示屏、LED 点阵屏的广告牌，尤其指出之前课程引入的例子，并让大家观察这些例子中显示器的种类，从而引出本次实验用到的显示器：七段数码管。

（3）介绍七段数码管

七段数码管是由七个发光二极管构成的"8"字形特殊结构器件。提问：常见七段数码管有哪两种类型？通过 APP 发布"选人"活动，让学生回答问题。

（4）用"直播"的方式演示共阴极七段数码管的点亮方式

通过 APP 的"直播"功能将实验箱的结构投影在 PPT 上，然后介绍实验箱上七段数码管的结构和使用方法，最后找学生演示实验箱上七段数码管的使用，让学生连接电路，并使七段数码管点亮成数字"5"的状态。

(5)用"评分"的方式评价王添琪同学的表现

学生自己的演示,让学生对新知识没有距离感。通过APP发布"评分"活动,让学生打分,在加深学生印象的同时,也对演示的同学予以肯定。

(6)共阴极七段数码管的显示代码

通过APP发布"选人"活动,让学生回答共阴极七段数码管的显示代码。

在学生回答了共阴极七段数码管的显示代码是1011011之后,再通过APP发布"抢答"活动,让学生回答共阳极七段数码管的显示代码是多少,并将两个结果进行比较,得出共阴极和共阳极七段数码管显示代码是相反的

结论,并强调在使用七段数码管时一定要注意其类型和型号。

教学效果:APP"选人""抢答""评分"和"直播"等活动,增强了学生思考和回答问题的积极性,让学生参与教学过程,不仅提升了教学效果,而且活跃了课堂氛围。尤其是在学生回答完问题之后,可以直接给学生加分,让学生有更强的被认同感。

6. 项目二:BCD 码如何转换成数字显示?(9.5 分钟)

教学目的:使用项目驱动法,让学生完成项目二,将课程思政思想融入课程教学过程中。

教学方法:(1)结合实际生活举例,简单易懂

提出"BCD 码如何转换成数字显示"的问题,让学生思考。在学生充满疑惑的时候,举例解答。在生活中当你听到一个人跟你说"hello"的时候,你很自然地做出反应,这个人是在说"你好",这样一个过程就是翻译的过程,而"BCD 码如何转换成数字显示"的过程就是一个类似的翻译过程,这里"BCD 码"就是"hello","数字"相当于"你好"。那么"BCD 码如何转换成数字显示"的答案就是,通过翻译码制的器件即"译码器"使 BCD 码转换成数字显示。

(2)关注专业行业时事,中兴"缺芯事件"和"中国芯"

2018 年 4 月发生了中美贸易战的关键事件"中兴事件",这次事件和学生所学专业以及将来的就业行业紧密相关。通过 APP 发布"主题讨论"活动,让学生讨论:你对中兴"缺芯事件"有何感想?

讨论结果通过词云展示，让学生更加清楚地看到讨论的关键词。

通过词云显示的讨论结果，我们可以看到，学生对中兴"缺芯事件"关注度很高，讨论比较热烈，想法丰富多样。基于此次事件将讨论升华，让学生再讨论：为了"中国制造""中国芯"，大家该怎么做？通过APP发布"主题讨论"活动。

案例 10
计数、译码与显示电路

结果通过词云展示，让学生更加清楚地看到讨论的关键词。

学生讨论的关键词"努力学习"，让我们看到了学生努力学习好本次课程的决心。本次课程的学习重点是如何使用芯片。学会使用芯片也是为"中国芯"和"中国制造 2025"做出自己的贡献。

（3）引导学生学习芯片使用，突破关键点

分别介绍本次实验要用到的芯片 74LS48，引导学生自学芯片相关知识，通过上网搜索或者查阅书籍等途径找到芯片的引脚图和功能表，掌握芯片的结构和用法。针对关键点进行重点讲解，如 74LS48 芯片的功能表，以数字"5"为例，介绍了功能表中如何实现 BCD 码到数字"5"的转换。

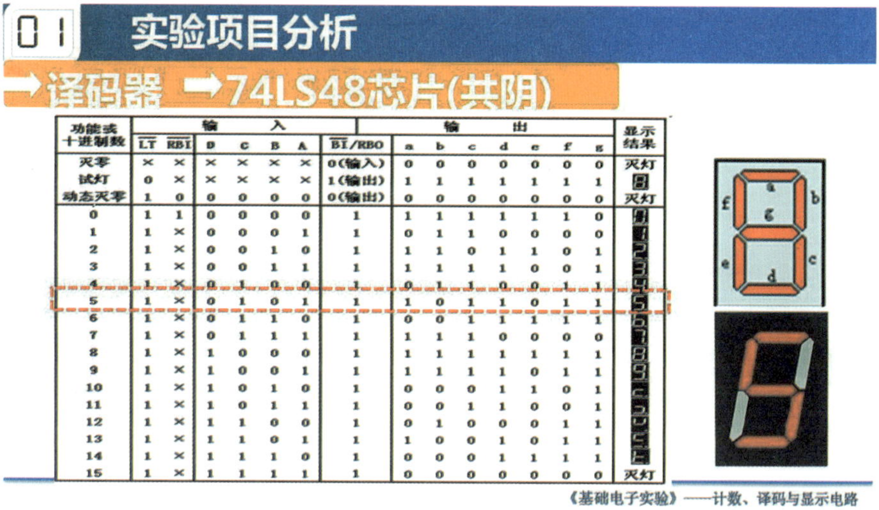

《基础电子实验》——计数、译码与显示电路

教学效果：通过APP发布"主题讨论""抢答"等活动，结合生动形象的讲解，让学生参与教学过程，课堂气氛活跃，学生的学习热情高涨，课堂教学效果较好。尤其是结合了时事新闻中兴"缺芯事件"和"中国芯"，让学生认识到当前的学习是在为国家的繁荣富强做贡献，启发学生关心和思考专业前景问题，激发了学生的学习动力和爱国情感。

（四）教学反馈

1. 学生学习反馈

在教学过程中使用APP，可以使教学效果更加显著。

（1）APP的使用可以使课堂氛围更加活跃；APP里的"抢答"等功能的使用更能激励学生积极参与课堂活动。

（2）APP的使用能加强学生与教师之间的交流。

（3）APP的使用可以使学生的学习更加便捷。

（4）APP可以使教师及时了解学生的学习情况。

a. 活动总体情况

从2018年10月30日到2018年12月16日，章节访问量达到了11895次。

b. 学生访问统计

从统计数据中可以看出学生访问课程的基本情况，下面以 11 月的统计情况为例。11 月的访问情况出现三个高的峰值，说明学生在课前和课后会利用 APP 对本课程进行预习和复习。由下图可以看出，学生基本上是通过移动客户端来访问本课程的，一方面说明移动客户端比电脑网页使用更方便；另一方面说明可以把手机在课堂中的劣势转化成优势，让手机真正为学生所用。

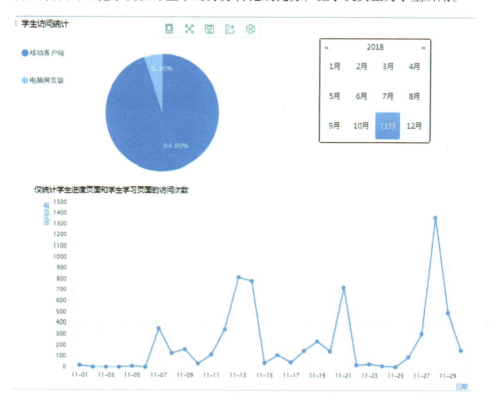

c. 课程任务点分布

课程资源分布比例合适，以视频资源为主。学生综合成绩分布合理，能有效地反映出学生的真实水平。

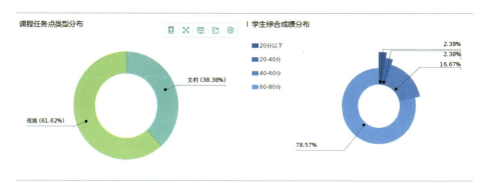

d. 课程学习进度

完成任务情况和学习进度分布均匀，直观显示出学生的学习情况，方便教师查看和督促。

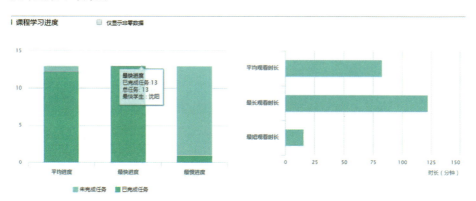

e. 师生沟通交流

师生线上线下互动更加密切，随时随地沟通答疑。

案例 10
计数、译码与显示电路

f. 学习通使用情况调查

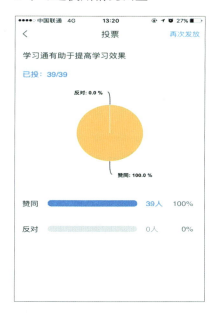
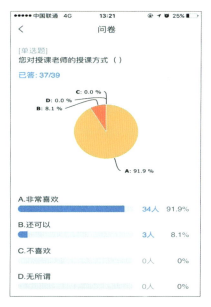

2. 教师教学心得

随着中国教育现代化进程的加快,教学改革势在必行。改什么?如何改?我是一名青年教师,在教学的道路上积极地探索,以安徽省应用型本科高校联盟"第二届'超星杯'移动教学大赛暨智慧课堂教学创新大赛"为契机,深入了解了基于超星学习通教学平台的智慧课堂教学模式,积极探索教学改革的方式和方法。在教学过程中,从授课内容、教学模式和教学方法等方面进行改革,有效地提升了教学效果。具体使用感受如下。

(1)以生为本,增加互动,拓展视野

为了更有效地提升大学生的综合素养和创新实践能力,我们需要积极探索、努力创新教学方法。通过超星学习通平台的使用,学生真正参与课堂教学,学习的积极性和主动性有了提高。了解和掌握智慧课堂教学模式可以让学生对智慧教育有直观的体验,同时可以拓展学生的视野,让学生能更好地适应高速发展的信息化社会。

(2)一次建课,重复使用,虚实结合

在使用学习平台进行新课程的建设时,需要投入大量的时间用来学习平台的使用和课程资源的准备，课程资源包括课程资料、视频资源、试题库、作业库等。建设好的课程可重复使用。由于实验课程的特殊性，学生需要自己动手去完成相关实验的操作，超星学习通不仅提供了实验各个阶段的在线学习和教学平台，而且在实际操作过程中也能辅助教学，如直播功能，将传统的实验演示结合手机客户端进行直播，学生不仅可以更加清楚地看到教师操作，而且能回放视频内容，可反复学习，实现线上线下结合的教学新模式。

（3）便捷贴身，精准定位，精确量化

随时随地预习、学习、复习，帮助学生快速掌握课程内容，满足个性化学习交流需求。知识点导航，精准定位学习内容；学习进度记录，精准定位学习阶段；多种题型融入多媒体内容，实现情景化便捷测试。基于平台的数据统计，随时监测学习效果，助力学生、教师轻松掌握学习情况。教师可及时提供学习进步的反馈，增强学生的学习积极性，利用过程性评价及时诊断学习中的问题，促进可持续发展。

智慧课堂是智慧教育的主阵地，构建数字化教学环境，打造互动式智慧课堂，使学生可以获取自己所需要的资源、信息和服务，挖掘自己的潜能，让学生学习更加轻松和高效。构建高效率、交互性、多样性、持续性的教学模式，实现良好的教学氛围，提升教学效果。

（五）专家点评

对学生已有的知识、学习特点、文化背景进行了有价值而独到的分析和描述，并在教学各环节中进行了充分的运用。教学目标内容完整、结构清晰，重点、难点判断准确，且提升到人才培养的高度，显著地提升了教学水平。教学内容没有出现科学性错误。围绕教学目标，不仅对教学内容进行了深入的、有价值的结构化和学习化处理，而且对所教内容与前后教学内容，以及其他课程的教学内容之间关系的分析准确，教学内容清晰透彻，学生易于掌握，同时结合教学内容对学生进行了充分的核心素养培养。教学方法、教学组织形成、教学材料或其他资源与教学目标相一致，且有创新性，开发难度大，有明显的改革意识，能显著地提高教学效果。信息化教学技术运用娴熟且有灵活性，对教学进度的把握非常准确，教学时间分配合理，非教学时间控制到了最少，并采用信息化等手段大幅度地提高了教学效率。

附录 1
背景介绍提纲

背景介绍的主要目的是帮助课堂教学案例的研讨者更好地理解教师的教学意图和整体设计，其中常用的表述方式如"我这样做的目的是……""如果出现这种情形，那么我准备……""对于这个问题，我的想法和以前相比已经有了较大的变化，以前……现在……""我打算在这堂课里进行以下几方面的尝试"等。下面是背景介绍的几类问题，任课教师可根据自己的实际情况，从中选择若干个问题（一般 4 至 6 个，也可自己另选话题）进行口头说明。访谈通常以独白的形式进行，避免长时间的停顿或者外界的干扰。每个问题可分别录制，也可连续录制。

"学习通"操作说明

请在你准备介绍的问题前的复选框中打

1. 关于学校与自己

☐ 学校的基本情况：校史、特色、生源、新教师培养

☐ 本班学生的基本情况：数学基础

☐ 数学教学的基本情况：教师组成特色、教研组活动

☐ 教师本人的情况：教龄、教学风格、教学改革优势与不足

2. 关于教学设计

☐ 在这堂课的教学设计上，你认为自己有什么好的创意？你的创意好在什么地方？你是如何想到这样设计的？

☐ 通过这堂课你希望实现什么教学目标，是知识技能数学思考、问题解决还是情感与态度？制定上述教学目标的主要依据是什么？教学过程中，通过哪些具体措施来实现这些目标？在制定教学目标时，是否考虑到不同学生

的不同需求?

□ 选择本课题的出发点是什么,是它很重要?还是它比较难教?还是别的什么原因?

□ 在教学设计过程中,你得到过哪些帮助和支持?其中让你受益最多的是什么?有哪些因素直接影响到你的教学设计?

3. 关于教学内容

□ 你打算采用小组讨论的形式吗?为什么?你准备怎样分组?依据是什么?

□ 你是如何针对不同能力的学生进行因材施教的?

□ 在这堂课中,你设置了哪些教学"脚手架"或者铺垫?依据是什么?它们必要吗?为什么?

□ 你准备使用课件吗?与黑板相比,它有哪些教学上的优势?在这堂课上它是难以替代的吗?你打算如何协调黑板与投影仪的关系?

4. 关于课程改革

□ 在这堂课中,你认为自己的哪些做法与新课程的理念是一致的?

□ 你认为"问题解决"的含义是什么?概念理解、技能训练与问题解决间有什么联系和区别?在这堂课中,你是如何进行问题解决教学的?

□ 你认为"数学探究"的含义是什么?在这堂课中,你是如何引导学生进行教学探究的?

□ 在这堂课中,你是否创设了实际情境?如果是你,你创设这种情境的目的是什么?数学内容之间是否有必然的联系?

5. 关于教学理论

□ 在这堂课的教学设计中,你引用了什么教学理论?你同意它的哪些观点?你是如何在教学设计中体现这些理论观点的?

□ 针对这堂课的教学,你或你的同事有哪些经验?这些经验是如何总结出来的?它们对本节课的教学产生了什么影响?

附录 2
课后反思提纲

课后反思的重点是根据课堂实际情况，反思教学设计中的一些焦点问题及教学得失，与"背景介绍"相呼应．其中常用的表述方式如"在教学设计时，我原希望……但实际上却……出现这种情况的原因主要是……""在本堂课中出现的一个意外情况是'……当时我的想法是…但现在看来，可以……""在这堂课的教学中，我觉得比较成功的地方是……仍需改进的是……"等。下面是课后反思的几类问题，任课教师可根据自己的实际情况，从中选择若干个问题（一般 4 至 6 个，可自己另选话题）进行口头说明。访谈通常以独白的形式进行避免长时间的停顿或者外界的干扰。每个问题可分别录制，也可连续录制。

请在你准备反思的问题前的复选框中打"√"

1. 回顾教学过程

☐ 在这堂课中，出现了哪些意料之外的事件？你是如何处理的？这样处理是否恰当？为什么？如果下次再碰到这种情况，你会怎么处理？

☐ 教学过程大体上可以分为哪几个阶段？每个阶段的安排是否合理？为什么？还可以进行怎样的调整？

☐ 本节课使用了哪些教学辅助工具（包括教材、黑板、投影仪及其他教学模具）？这些教学辅助工具使用得是否恰当？为什么？

☐ 在这堂课中，你觉得哪些地方是成功的？哪些地方仍需改进？难点与重点的处理是否有效？为什么？

☐ 你能对学生在这堂课中的表现进行评价吗？评价的依据是什么？

2. 教学设计与实施之间的对比

☐ 教学设计中的哪些想法没有在实施过程中落实或者落实不到位？原因是什么？以后应该如何避免这种情况的出现？

☐ 如果我们把课堂认知水平划分为探究、理解、记忆这三个层次，那么在教学设计时你定位在哪个层次上？实施结果是认知水平保持、下降还是提升？认知水平保持、下降或者提升的依据和原因分别是什么？

3. 调整与改进

☐ 如果你以前上过同样的课，那么这堂课在哪些方面有了改进？如果要你再设计一节同样的课，你准备做哪些调整？为什么？

☐ 你准备从哪些渠道获得对这节课的反馈信息？

☐ 在进行教学设计时，你认为自己最大的不足是什么？你准备如何去弥补这方面的不足？你有没有观摩过一节类似的课？如果有，你能对这两节课作一个比较吗？从中你可以得到什么启发？

4. 仍感到困惑的地方

☐ 总觉得教材对这几方面的处理不是很妥当，但又说不出为什么。

☐ 这节课中的某些处理基本上依靠的是经验，但不知道这种做法是否有理论依据。

☐ 原以为学生在某些方面会有良好的表现，但实际结果并不理想，不知道为什么会这样。

☐ 对某个教学内容的深度与难度难以把握。

☐ 如何处理学生自主时间与课堂容量之间的矛盾。

附录 3
学生访谈提纲

学生：
课题：
教师：
学校：
时间：

在实际访谈的问题前的复选框中打"√"。

☐ 通过这堂课的学习，你有哪些方面的收获？

☐ 请你简要描述一下今天学习的主要内容。你知道学习这些数学知识有什么用处吗？

☐ 对于今天学习的内容，你还有什么不理解的吗？当你对学习的内容有不理解的地方时，你是寻求老师或同学的帮助，还是不管它，先听下去再说。或是先自己把它弄懂，不管下面的内容。

☐ 今天老师讲了哪几个例题？你想到过和老师不一样的解法吗？如果想到过，那么你是怎么想到的？当时有没有告诉老师或者同学？如果没有，为什么？

☐ 你今天做了哪些课堂作业？你是独立完成的吗？有没有做错？如果有，那么做错的原因是什么？

☐ 这堂课中，最让你感兴趣的是什么？你能具体描述一下当时的情形吗？你为什么会对它感兴趣？

☐ 今天在分组讨论的时候，你们小组是怎么讨论的？你参与了吗？你能描述下具体讨论的过程吗？你喜欢这种学习方式吗？为什么？

☐ 你喜欢老师用课件来上课吗？为什么？

☐ 你发觉老师在这堂课中的什么做法与以前不一样？你喜欢老师这样做吗？为什么？

☐ 和其他学科相比，你觉得学习数学有什么特点？你认为要学好数学，最重要的是什么，是天赋，勤奋，还是正确的方法？

☐ 你喜欢数学吗？为什么？

☐ 你觉得数学有什么用处？你能举例说明吗？

☐ 你认为自己擅长数学吗？为什么？

☐ 你想对老师的教学提些建议吗？